L'éclipse de Dieu

Dieu n'a pas toujours été silencieux

Autres ouvrages de l'auteur

*Discovering the Mystery
of the Unity of God*

The Tri-Unity of God Is Jewish

God in Eclipse: God Has Not Always Been Silent –
2013

God in Eclipse in Russian – 2016
God in Eclipse in Spanish – 2020
God in Eclipse in Hebrew – 2023
God in Eclipse in French – 2024

Israel's Only Hope: The New Covenant

Poking God's Eye

The Law, Then and Now: What about Grace?

Law of Moses Versus Law of Messiah – Coming Soon

L'éclipse de Dieu

Dieu n'a pas toujours été silencieux

par John B. Metzger

God in Eclipse: God Has Not Always Been Silent
John B. Metzger, author
www.PromisesToIsrael.org
Publié par www.JHousePublishing.com sous le Purple Raiment label,
   "Love Letters," Keller, TX

Première édition © 2024

ISBN : 978-1-950734-12-2

REL006210   RELIGION / Biblical Studies / Old Testament
REL006090   RELIGION / Biblical Criticism &Interpretation / Old Testament
PHI022000   PHILOSOPHY / Religious

12,000 copies traduites en russe ont été imprimées pour la distribution par la Slavic Gospel Association (SGA) avec la permission de John B. Metzger.

Tous droits réservés. Aucune partie de cette publication ne peut être reproduite ou transmise sous quelque forme ou par quelque moyen que ce soit sans l'autorisation écrite de l'éditeur.

Sauf indication contraire, les références bibliques utilisées dans cet ouvrage sont tirées de la version Darby 1991. Les autres versions bibliques consultées sont les versions L. Segond 1910 et L. Segond 21, 2009.

Cover design : Jesse Gonzales
Editor : Joni Prinjinski
Paperback : Acid-free paper
Printed in the USA

L o v e   L e t t e r s

Purple Raiment

Dédié à
J. Albert Ford

Enfant, j'étais fatigué de l'église parce que je la trouvais ennuyeuse et hypocrite. À ma demande, mes parents ont changé d'église, et j'ai fait la connaissance d'un pasteur qui a éveillé en moi l'intérêt pour les Écritures. C'était au début des années 60. Il s'agit du pasteur J. Albert Ford, le premier pasteur de la McLean Bible Church à McLean, VA. J'écris cela par respect et amour pour son enseignement et pour honorer ce serviteur fidèle. C'est le pasteur J. Albert Ford qui le premier inculqua en moi l'amour pour l'Écriture alors qu'il m'a dévoilé la Parole de Vie et appris que la Bible était effectivement pertinente et applicable aujourd'hui. Parallèlement, il m'a enseigné et inculqué l'amour d'Israël. Alors que je comprenais les Écritures grâce à son enseignement avisé, il a, en tant qu'instrument dans les mains de D.ieu, placé dans mon cœur un amour pour Israël et m'a rendu sensible au cœur de D.ieu pour Son peuple élu. Les fondements qu'il a posés ont préparé mon cœur à suivre des années plus tard, les enseignements d'Arnold Fruchtenbaum et aussi à écrire cet ouvrage.

Table of Contents

CHAPITRE UN : D.IEU ÉCLIPSÉ 1

Introduction *1*
À la recherche de réponses sensées *3*

CHAPITRE DEUX : LE PREMIER NÉ DE D.IEU 11

Un mystère que les rabbins ne peuvent expliquer *11*
Un nouveau mystère pour aujourd'hui *13*

CHAPITRE TROIS : COMMENT DECRIVONS-NOUS D.IEU PAR RAPPORT A L'HOMME ? .. 17

D.ieu *20*
   Deux points *22*
À l'image et à la ressemblance d'Elokim *29*
Qui est l'ÉTERNEL ou HaShem ? *35*

CHAPITRE QUATRE : MANIFESTATIONS AUDIBLES ET/OU VISIBLES D'ELOKIM ET DE L'ÉTERNEL 39

Exode 3 v.1-17… Ange de HaShem *40*
Genèse 22… L'Ange de HaShem *44*
Exode 23 v.20-23… L'Ange *45*
Josué 5 v.13-15… Le chef de l'armée de l'Éternel ... *47*
Juges 2 v.1… L'Ange de HaShem *48*
Exode 14 v.15-28… La Shechinah, colonne de nuée et colonne de feu *50*

CHAPITRE CINQ : DESCRIPTIONS AU PLURIEL 53

Verbes au pluriel 53
Descriptions au pluriel 55

CHAPITRE SIX : *LE SH'MA* 65

Une question d'amour sincère 65
La Loi orale comparée à la Loi écrite 67
Notre D.ieu est Un — Plusieurs indices 73

CHAPITRE SEPT : LE MESSIE : SEMENCE, ROI ET PROPHÈTE DANS LA LOI 81

La prophétie de la Semence 82
   Genèse 3 v.15 82
   Genèse 4 v.1 85
   Genèse 5 v.28-29 85
   Genèse 6 v.1-5 86
   Genèse 22 v.18 89
La Semence engendrera un roi de Juda 90
   Genèse 49 v.9-10 90
   Nombres 24 v.9, 17 94
La Semence Roi sera un Prophète 95
   Deutéronome 18 v.15-19 95
   Nombres 12 v.5-8 96
   Deutéronome 34 v.9-12 98

CHAPITRE HUIT : LE MESSIE : SEMENCE, ROI ET PROPHÈTE DANS LES PROPHÈTES 101

II Samuel 7 et I Chroniques 17 103
Le Prophète Ésaïe 106
   Ésaïe 7-12 — Le Livre d'Emmanuel 108
      Naissance du Messie — Ésaïe 7 v.14 108

Le Messie — Humain/Divin ?
Ésaïe 9 v.6-7 [5-6] 115
Le rejeton de Jesse — Ésaïe 11 : 1-2 117
Le Serviteur qui rachète — Ésaïe 49 v.1-6 117
Qui est le Serviteur ? — Ésaïe 53 119
Ésaïe 52 v.13 — 53 v.12 119
Le Prophète Jérémie *124*
Jérémie 4 v.1-4 124
Jérémie 23 v.5-6 126
Le Prophète Michée *127*
Le Prophète Zacharie *129*
Zacharie 11 v.12-13 129
Zacharie 12 v.1, 10 130
Zacharie 13 v.7 134
Zacharie 14 v.3-4 135
Le Prophète Malachie *136*

CHAPITRE NEUF : LE MESSIE : SEMENCE, ROI ET PROPHÈTE DANS LES ÉCRITS.................................. **141**

*Les dernières paroles de David —
II Samuel 23 v.1-5a* *142*
Psaume 2 .... *144*
Psaume 16 .... *145*
Psaume 22 .... *147*
Psaume 80 v.17 [18] *148*
Psaume 110 .... *149*
Proverbes 30 v.4 .... *152*
Daniel 9 v.24-27 .... *153*
II Chroniques 36 .... *159*

CHAPITRE DIX : LE GERME **163**

II Samuel 23 v.1-5...L'alliance éternelle de Dieu avec David.................................... *163*

Jérémie 23 v.5-6... Le Germe juste 164
Zacharie 3 v.8... Le Serviteur de D.ieu le Germe ... 166
*Zacharie 6 v.12... Un homme qui est le Germe
avec deux couronnes* 169
Le Germe de l'Éternel... Ésaïe 4 v.2 ; 11 v.1 170

**CHAPITRE ONZE : LA PAROLE DU
SEIGNEUR** 173

Le Verbe [Memra] — Distincte cependant égale 173
Le Verbe [Memra] — Agent de la création 174
Le Verbe [Memra] — Agent du salut 174
*Le Verbe [Memra] — Agent par lequel HaShem
se révèle Lui-même* 175
Le Verbe [Memra] — Agent de la révélation.......... 177
*Le Verbe [Memra] — Agent authentifiant les
alliances* 177

**CHAPITRE DOUZE : COMMENT YECHOUA
POURRAIT-IL ETRE LE MESSIE ?** 179

Les causes de la scission 180
   Rupture 180
   Attitude défensive 181
   Une pierre d'achoppement 181
   Interprétation théologique concernant le
   Messie 183
      Une ou deux venues ? 183
      Un Messie ou deux ? 183

**CHAPITRE TREIZE : COMMENT LE
RECONNAITRE QUAND IL VIENDRA ?** 185

*Comment pouvons-nous savoir que Yéchoua
est le Messie ?* 192

**ÉPILOGUE : UN MOT RESERVE AU PEUPLE
DE L'ALLIANCE, AU PEUPLE D'ISRAËL** 196

Les douleurs de l'enfantement du Messie *197*
Apostasie et disparitions *198*
Prophéties imminentes non réalisées *199*

ANNEXE A : COMMENT DEVENIR UN AVEC D.IEU **207**

Être réconcilié avec D.ieu *207*
La route de Jérusalem *212*
   1. Aucun n'est exempt de péché 212
      Psaume 14 v.3 212
      Psaume 51 v.7 [5] 212
      Ésaïe 53 v.6 212
      Jérémie 17 v.9 213
      Ésaïe 59 v.1-2 213
      Ecclésiaste 7 v.20 213
   2. Les bonnes œuvres ne peuvent pas purifier 213
      Ésaïe 64 v.6 213
      Habakuk 2 v.4 213
      Jérémie 18 v.20 213
   3. D.ieu demande un sacrifice de sang 214
      Lévitique 17 v.11 214
   4. Appliquer le sang du Messie 214
      Exode 12 v.21-23 214
      Lévitique 16 v.15-19 214
      Daniel 9 v.26 215
      Hébreux 9 v.12 215
   5. Sécurité et refuge dans le Messie de D.ieu 215
      Psaume 2 v.12 215
      Psaume 51 v.15 [13] 215
Autres passages *216*
Paroles de Yéchoua [Jésus] : 216
Paroles de Pierre concernant Jésus devant
  le sanhédrin : 217
Paroles de Paul concernant l'Évangile : 217
Répondre à D.ieu *217*

ANNEXE B : JESUS FACE A LA LOI ORALE ... 219

ANNEXE C : LES JUIFS QUI ONT FAIT LEUR PROPRE RECHERCHE 221

ANNEXE D : CONTEXTE HISTORIQUE POUR LES LECTEURS CHRETIENS NON JUIFS 231

Inimitié historique 231
Lectures recommandées sur l'histoire de l'Église et le peuple juif 233

Chapitre Un :
D.ieu éclipsé

Introduction

Le sujet de la nature de D.ieu est, pour nous autres, êtres humains, une question qui est complexe et très difficile à comprendre. Aussi, comment pouvons-nous connaître D.ieu dans toute Sa complexité ? Est-ce en étant juif ? Est-ce par un mode de vie pieux ? Est-ce en étant obéissant aux enseignements des rabbins ? Est-ce par des actes de repentance, par de bonnes œuvres et de la charité ?

Comment pouvons-nous connaître la personne de D.ieu ? La réponse n'est pas dans des religions orientales ou dans de la philosophie humaine, mais dans l'Ancien Testament [Les Écritures hébraïques]. C'est par les Écritures hébraïques que l'homme peut établir une relation personnelle avec le D.ieu d'Abraham, d'Isaac et de Jacob. Alors que vous lisez ce livre, si vous êtes Juif, homme ou femme, il s'agit du D.ieu de vos pères. Vous êtes peut-être en quête d'un sens spirituel à la vie, et, après tout, D.ieu est une personne qui est Esprit. Pourtant, j'ai entendu tant de mes amis juifs dire que D.ieu était lointain et hors de portée. Pourquoi semble-t-Il si mystérieux, voire distant ?

Permettez-moi de me présenter, car j'ai vraiment envie d'interagir avec vous. Je suis un pasteur chrétien non juif, né dans le New Jersey, ayant passé presque toute ma vie dans le Nord-Est, en particulier en Pennsylvanie et à New York ainsi que dans la région de Washington, D.C. J'ai de nombreux amis juifs, je suis attaché à l'État d'Israël et au peuple juif, et cela depuis ma jeunesse.

Laissez-moi vous assurer d'emblée que je ne suis pas un chrétien qui essaie d'être juif. Dans ma quête du sens de ma foi, j'ai découvert les racines de la foi chrétienne dans les Écritures hébraïques. Je trouve le *Tanakh*[1] riche, révélateur et passionnant alors que je m'y plonge et découvre la nature et l'essence de D.ieu. Je suis personnellement inspiré alors que je lis dans Moïse, les Prophètes et les Psaumes le plan que le D.ieu d'Abraham, d'Isaac et de Jacob expose dans Sa Parole. Les paroles des prophètes me parlent de manière particulière alors que je découvre comment les enseignements des Prophètes et les messages des Psaumes interagissent avec les thèmes énoncés par Moïse. Je vois aussi combien des paroles de Moïse et des prophètes ont trouvé leur accomplissement en la personne de Jésus Christ [*Yéchoua Mashiach*[2]] dans le Nouveau Testament. Je comprends mieux comment l'alliance abrahamique, celle de la terre, l'alliance davidique et la Nouvelle alliance mentionnées dans le *Tanakh* trouveront finalement leur accomplissement en *Yéchoua*. J'aimerais partager certaines de mes découvertes avec vous dans l'espoir que vous aussi, vous ayez cette communion avec le SEIGNEUR qui cherche à établir cette intimité avec ceux d'entre vous qu'Il a appelés Son peuple.

Dans mon échange avec vous, je vous demande de me dire ce que le titre de ce livre peut signifier pour vous. Pourquoi l'éclipse de votre relation avec le SEIGNEUR ? Du

---

[1] Le terme hébreu *Tanakh* est un acronyme qui vient des mots hébreux, *Torah*, *Nevi'im*, *Kethuvim*, ou la Loi, les Prophètes et les Écrits (la poésie et la sagesse).

[2] Jésus Christ en hébreu est *Yéchoua ha Mashiach*.

point de vue du judaïsme, D.ieu s'est tu depuis le prophète Malachie dans les Écritures hébraïques. Ce silence dure depuis près de 2400 ans. Qu'en pensez-vous ? D.ieu n'a pas parlé par l'intermédiaire des rabbins pendant cette période, car aucun d'entre eux n'a parlé au nom du SEIGNEUR comme l'ont fait Moïse et les prophètes ; pourquoi alors ce silence ? La question est souvent posée face à l'histoire : où était D.ieu quand nous avions besoin de lui ? D.ieu est-il vraiment mort lors de l'Holocauste ? Il y a suffisamment d'événements pour que bon nombre d'hommes et de femmes juifs doutent de la bonté de D.ieu ou même de Son existence.

À la recherche de réponses sensées

Nous savons et c'est justifié, de croire que D.ieu a créé les cieux et la terre ; il n'est ni raisonnable, ni scientifique, ni même logique de considérer le processus de l'évolution comme la simple explication à toute la complexité de la vie, comme si l'ordonnancement pouvait être le fruit du hasard. Notre planète et l'univers qui nous entoure sont simplement trop complexes pour qu'on mette D.ieu sous le tapis, pour ainsi dire. Nos yeux sont si complexes que même Darwin a dû admettre qu'il devait y avoir un concepteur derrière tout cela. [3] Il suffit de regarder les photos que Hubble nous a renvoyées de l'espace. Elles sont simplement impressionnantes ! Observez la complexité de la vie, qu'il s'agisse du règne végétal ou animal. La vie humaine est tellement complexe que nous devrions nous émerveiller devant son fonctionnement, car elle est si bien organisée, synchronisée et planifiée. Être athée n'a pas de sens. Cependant, une question demeure : *Pouvons-nous le*

---

[3] Darwin, Charles. *The Origin of the Species*, (London : J.M. Dent & Sons Ltd, 1971.), p. 167.

connaître, lui, notre Créateur ? Pourquoi s'est-il éloigné de nous ? Où est-il ? Se soucie-t-il de nous ?

Pour ajouter à la confusion, des personnes dites religieuses ont fait des choses horribles au nom de D.ieu. Notamment, au fil des siècles, la chrétienté[4] a commis de nombreuses atrocités contre vos pères au nom de « cet homme »[5] de Nazareth, avec pour point culminant l'Holocauste de la Seconde Guerre mondiale. Où était D.ieu ? Tandis que la création elle-même semble raisonnablement procéder de D.ieu et montrer Sa présence et Son ordre, le comportement antisémite est illogique et diabolique. Moïse et les Prophètes apportent-ils une réponse ?

À nouveau, nous pouvons nous demander pourquoi D.ieu semble occulté de notre compréhension. Non seulement le D.ieu de vos pères semble s'être éloigné de Son peuple, mais l'église chrétienne historique s'est comportée telle une écharde dans votre côté. L'histoire montre que bon nombre de vos pères et ancêtres ont été témoins du fait que l'église chrétienne institutionnelle s'est révélée être l'organisation la plus antisémite de la planète. Pour plus d'information sur cette histoire affligeante,[6] voir l'annexe 4.

---

[4] En raison de la conduite scandaleuse de l'église chrétienne à l'égard du peuple juif, j'ai choisi dans ce livre de ne pas mettre de majuscule aux mots chrétien, christianisme ou chrétienté lorsqu'il est fait référence à leurs actions apostates. Lorsqu'ils sont en majuscules, ces mots font référence à la véritable foi du Nouveau Testament.

[5] Cet homme : Il s'agit d'une expression utilisée par les Juifs au fil du temps pour éviter d'utiliser le nom de Jésus [*Yéchoua*].

[6] L'annexe 4 fournit d'excellentes ressources bien écrites pour ceux qui ne sont pas encore conscients de la longue histoire de la

Si nous mettons de côté l'histoire de l'hostilité et de la discorde, il est possible de procéder à une évaluation raisonnable des différences *légitimes* entre le judaïsme et la foi du Nouveau Testament. On peut considérer que ces différences tournent autour de la perception de la nature même de D.ieu. Est-Il un ou bien trois en Un ? Est-il un D.ieu d'amour ou de haine ? Change-t-Il d'avis ou est-Il rationnel ? Quelle que soit la manière dont on peut répondre à ces questions, le fait d'ignorer la différence entre ces deux systèmes de croyances a conduit aux atrocités chrétiennes depuis le 4e siècle de notre ère jusqu'à nos jours. Aucune explication logique ne peut défendre les pogroms, les croisades, l'Inquisition et l'Holocauste, ni les persécutions politiques qui existent aujourd'hui en raison de l'ignorance ou de la haine des chrétiens, que ce soit au niveau individuel ou institutionnel.

D.ieu ne prend pas l'antisémitisme à la légère (Genèse 12 v.3) ; le jugement finit par tomber sur ceux qui

---

persécution du peuple juif par l'église traditionnelle institutionnelle. La plupart des Juifs sont bien conscients de ce que leurs parents, grands-parents et autres ancêtres ont souffert aux mains des soi-disant chrétiens, et il n'est donc pas nécessaire d'insister sur ce point dans ce livre. L'antisémitisme étant en augmentation dans le monde entier, la plupart des hommes, des femmes et des enfants juifs vivant aujourd'hui ont eux aussi été confrontés à l'antisémitisme. L'ouvrage de Dr William H. Heinrich, *In the Shame of Jesus,* et l'ouvrage récent d'Olivier Melnick, *They Have Conspired Against You : Responding to the New Anti-Semitism*, fournissent des conseils positifs et appropriés à toutes les personnes honnêtes et animées de bonnes intentions, afin de les aider à reconnaître les ravages de l'antisémitisme et à s'en prémunir. Même si beaucoup ne le savent pas, nos précieuses libertés sont attaquées par le même nouveau flot d'antisémitisme destructeur qui se déchaîne.

sont antisémites ou plus exactement opposés au peuple juif.[7] Le christianisme a comme source qui fait autorité, le Nouveau Testament, aux côtés des Écritures hébraïques, pour indiquer aux vrais chrétiens quelle attitude avoir envers leurs semblables faisant partie du peuple juif, et comment se conduire devant un D.ieu saint.

Dans cet ouvrage, sont démystifiées par un langage simple les questions relatives à la nature de D.ieu. Cet éclairage peut vaincre le type de haine et de confusion qui vient de l'ignorance de ce que le D.ieu d'Abraham, d'Isaac et de Jacob dit dans Sa Parole. L'éclairage s'accompagne d'une pensée lucide et de la capacité à considérer intelligemment qui est D.ieu et comment nous pouvons être en relation avec Lui.

L'antisémitisme vient-il du Nouveau Testament chrétien ? Alors qu'il est vrai que la question théologique de l'incarnation de D.ieu en un homme a été rejetée par la plupart des Juifs, la chrétienté s'est cruellement emparée de ce rejet et l'a utilisé comme une massue contre le peuple juif. Bien qu'une telle conduite soit inexcusable, elle ne veut pas dire que le Nouveau Testament est erroné dans son enseignement ; elle découle uniquement d'une fausse théologie qui est utilisée à tort par des personnes corrompues. Cependant, par mesure de prudence, les

---

[7] L'*antisémitisme* signifie littéralement être contre ceux qui parlent des langues sémitiques (par exemple les Arabes, les Éthiopiens ou les Assyriens). Dans la pratique, cependant, ce terme désigne uniquement la persécution du peuple juif, que ce soit en tant qu'individu ou groupe, ou même en tant qu'État, comme c'est le cas pour l'État moderne d'Israël. Le terme ne s'applique pas aux Arabes ou aux autres peuples sémites, mais uniquement au peuple juif. Le terme antisémite doit donc être compris comme étant contre le peuple juif, antijuif.

enseignements du *Tanakh* servent de fondement pour examiner la question qui se pose de savoir comment un homme ou une femme en quête spirituelle peut rechercher la face de D.ieu au cas où Il s'est éclipsé.

Il y a deux principaux éléments au cœur de l'antisémitisme chrétien :

1. L'existence de deux systèmes de croyances qui s'affrontent sur la nature de D.ieu :
   - est-Il le « Un » absolu selon le judaïsme, ou
   - est-Il une « pluralité en un » comme le dit la foi du Nouveau Testament ?

2. Le deuxième sujet de discorde n'est pas légitime ; il a pour source la fausse doctrine adoptée par la chrétienté qui a jugé vos pères avec orgueil, arrogance et suffisance, les accusant, et peut-être vous aussi, d'avoir tué Jésus ou « tué D.ieu ». Cela engendra les pogroms, les croisades, l'Inquisition et l'Holocauste et conduisit à une mauvaise appréciation de la nature de D.ieu.

Par les paroles mêmes du Nouveau Testament, la chrétienté est coupable et condamnable devant le D.ieu d'Israël. Devant le tribunal de D.ieu, par cette même source d'autorité, le Nouveau Testament, la chrétienté par ses actes envers vos pères est condamnée lorsqu'elle est confrontée à Sa sainteté, Sa justice et Son équité et elle sera jugée par Lui pour cela.

La plupart de mes amis juifs m'ont avoué avoir renoncé à D.ieu sur plusieurs fronts : renoncé à la piété religieuse ou au zèle religieux des rabbins et de leurs enseignements. Certains, quelle que soit la branche du judaïsme qu'ils suivent, ont adapté leur foi religieuse pour la rendre plus acceptable au XXIe siècle. D'autres, au sein de la communauté religieuse, trouvent que toutes les études rabbiniques sont vides de sens, mais continuent à jouer le jeu pour des raisons familiales, professionnelles et sociales, car ils ne veulent pas être mis au ban de la communauté.

Les rabbins n'ont pas la réponse à la question : *Comment pouvons-nous connaître D.ieu et avoir une relation personnelle et une communion avec Lui ?* Pourtant, nombreux sont ceux qui se posent cette question et d'autres qui lui sont directement liées. On peut soulever quatre groupes de questions auxquelles vous avez peut-être réfléchi à un moment ou à un autre de votre vie :

1. D'où venons-nous ? Qui m'a conçu en tant que personne et qui a choisi Israël en tant que nation, pour quelle raison ?
2. Qui sommes-nous ? Quelles sont notre valeur et notre raison d'être sur cette terre ?
3. Qu'est-ce qui ne va pas dans le monde ? Pourquoi le mal, la souffrance, la guerre, la mort, la décadence et l'injustice existent-ils ?
4. Pouvons-nous faire quelque chose pour remédier aux ratés du système et au mal ? L'homme est-il la cause de ces problèmes ? L'homme a-t-il les solutions ?

Ce sont des questions troublantes pour toute personne ayant une sensibilité spirituelle. La philosophie et la science ont-elles les réponses à la vie ? L'homme avec toute son intelligence a-t-il les réponses à la vie ?

Qu'en est-il du bon sens ? Pouvons-nous donner un sens concret à notre vie en nous concentrant sur la bonté de l'humanité ? Tragiquement, de nombreux Juifs croient en la bonté de l'homme plutôt que de reconnaître sa dépravation.

C'est le cas d'Anne Frank, qui n'a pas survécu à l'Holocauste. Elle écrit dans son journal :

> C'est vraiment un miracle que je n'aie pas abandonné tous mes idéaux… Pourtant, je les garde, car malgré tout, je continue à croire que les gens ont vraiment bon cœur.[8]

En tant que Juif, au vu de tout ce que vous avez souffert et souffrez encore aux mains des Hamans anti-juifs, il devrait être évident que se fier à la bonté de l'homme et essayer d'être maître de son destin en faisant preuve d'une bienveillance personnelle louable a ses limites. Même la conviction sincère que l'homme peut rendre le monde meilleur semble intuitivement démentie par l'expérience. Pourquoi l'homme connaît-il toujours les mêmes fléaux au travers des âges ? Pourquoi le peuple juif est-il toujours détesté au lieu d'être admiré pour la place qu'il occupe dans l'histoire et à la lumière de toutes ses contributions individuelles et collectives en médecine, physique et science dont tant de personnes bénéficient ? Pourquoi la préservation historique du *Tanakh* par le peuple juif n'est-elle pas reconnue avec le respect qu'elle mérite pour la contribution qu'elle a apportée à la civilisation dans son ensemble ?

Au regard des millénaires d'existence humaine, il devient évident que l'homme n'est pas aux commandes de sa vie. D.ieu, que l'on appelle aussi *ÉTERNEL* ou *HaShem*[9] [le Nom], est-Il toujours assis sur Son trône dans les cieux ? Peut-il nous révéler le sens et le but de la vie ?

---

[8] Recopié d'une plaque à l'entrée de l'Holocaust Museum, Saint Petersburg, Floride.
[9] « Le Nom », option hébraïque au Nom divin, *ÉTERNEL* [*YHVH*].

Le *Tanakh* est-il silencieux sur toutes ces questions qui échappent à notre contrôle ? D.ieu a-t-il oublié Ses promesses envers le peuple juif ? Ou se pourrait-il que le D.ieu de vos pères ait toutes les réponses nécessaires pour réconforter et satisfaire le cœur juif, et que celles-ci soient tissées tout au long des Écritures hébraïques pour ceux qui désirent les contempler ?

Chapitre Deux :
Le Premier né de D.ieu

Un mystère que les rabbins ne peuvent expliquer

Les exemples de l'attachement de D.ieu le Père à Israël Son premier né abondent dans les Écritures. Quelle joie intense ! Quelle identification et quelle richesse se déversent dans un flot d'amour accordé à un premier-né ! Pour D.ieu le Père, la nation d'Israël est Son premier né.[10] La loi de Moïse parle des bénédictions et des devoirs du fils premier-né. C'est une relation particulière.

Que s'est-il passé pour qu'il y ait séparation entre *HaShem* et Son fils premier né, Israël ? Le prophète Osée dit quelque chose de très intéressant alors qu'il parle de manière prophétique d'Israël dans Osée 5 v.15 — 6 v.1 :

> *Je m'en irai, je retournerai en mon lieu, jusqu'à ce qu'ils se reconnaissent coupables et recherchent ma face. Dans leur détresse, ils me chercheront dès le matin. Venez, retournons à l'Éternel, car lui a déchiré, et il nous guérira ; il a frappé, et il bandera nos plaies.*

Que veut dire D.ieu quand Il parle de retourner en Son lieu jusqu'à ce qu'Israël reconnaisse sa culpabilité ? Quand a-t-Il quitté Son lieu pour devoir y retourner ? Quelle est la faute

---

[10] Exode 4 v.2.

ou l'offense d'Israël pour laquelle il doit se repentir ? Il dit aussi qu'Israël reviendra à Lui dans le futur.

Les conclusions qui en découlent devraient retenir votre attention, car aujourd'hui les traces du Messie sont proches. La fin des temps, *le temps de la détresse de Jacob*[11], également connus sous le nom de derniers jours, sont les jours qui précèdent immédiatement la venue du Messie pour instaurer le Royaume promis.

En lisant les prophètes Jérémie et Osée, vous découvrirez que HaShem a « divorcé » de l'ancien Juda (Jérémie 3 v.18) et d'Israël (Osée 2 v.2) à cause des péchés commis contre Lui. Ces divorces correspondent aux deux grandes captivités qui ont éloigné le peuple juif de la Terre d'Israël. Aucun « remariage » entre Israël et le D.ieu d'Israël n'est mentionné dans les Écritures hébraïques. Pourtant, Moïse, Ésaïe, Jérémie, Osée et Zacharie parlent tous d'Israël comme étant à nouveau le peuple de D.ieu et que tout Israël l'adorera Lui seul (Jérémie 31 v.31-34 ; Ézéchiel 36 v.26-28). Moïse adresse à Israël des paroles qui font référence à un péché qu'il a commis et aux épreuves qu'il subira dans Lévitique 26 v.40-41 :

> *Et ils confesseront leur iniquité et l'iniquité de leurs pères, selon leurs infidélités par lesquelles ils ont été infidèles envers moi, et aussi comment ils ont marché en opposition avec moi, en sorte que moi aussi, j'ai marché en opposition avec eux, et que je les ai amenés dans le pays de leurs ennemis. Si alors leur cœur incirconcis s'humilie et qu'alors ils acceptent la punition de leur iniquité.*

Quelle est l'offense qui a amené D.ieu à disperser vos pères parmi les nations ? Quelle est l'offense qui a été commise et

---

[11] Jérémie 30 v.7.

qui doit être réglée avant que l'Éternel ne se souvienne de Son alliance avec Abraham, Isaac et Jacob ? Qu'entend-Il par *cœur incirconcis* ? Ce sont des questions perspicaces. Connaissez-vous les réponses ? Vos rabbins connaissent-ils les réponses ?

Rabbins, pourquoi le peuple juif d'Israël a-t-il quitté en masse le judaïsme ? Quatre-vingts pour cent du peuple juif en Israël a abandonné le judaïsme religieux. Pourquoi ? Il est évident que les rabbins ne connaissent pas la réponse. Le *Tanakh*, lui, donne la réponse. Êtes-vous intéressé de connaître ce que dit *HaShem* et de Lui répondre ?

Un nouveau mystère pour aujourd'hui

Que peut signifier le rétablissement de l'État d'Israël après plus de 2 400 ans de dispersion dans les nations ? Cela a-t-il une dimension prophétique ? Oui, selon Ézéchiel 37. D.ieu incite le peuple juif à retourner dans son pays afin de pouvoir purifier Israël. Y aura-t-il une fois encore à l'avenir un remariage entre D.ieu et Israël lorsque le cœur d'Israël aura été *circoncis* (Deutéronome 30 v.6) ? En quoi le retour physique dans le pays est-il lié aux questions de l'être intérieur d'une personne ? Quelle est l'offense à laquelle Moïse fait référence dans Lévitique 26 : 40-41 qui empêche la réunion spirituelle du peuple dans le pays avec son D.ieu ? Quelle est l'offense envers *HaShem* selon le prophète Osée (5 v.15-6 v.3) qui a encore besoin d'être réparée ? Si ces questions spirituelles vous tiennent à cœur, ou si vous êtes intellectuellement curieux de savoir ce que les Écritures peuvent dire de pertinent au peuple juif d'aujourd'hui, alors ce livre est écrit pour vous.

Les vrais croyants ne font PAS partie de la chrétienté corrompue. Mon intention est de me concentrer sur ce que le *Tanakh* présente concernant la personne de D.ieu et la façon dont il s'est révélé à vos pères, Abraham, Moïse et les Prophètes. Êtes-vous prêt pour ça ? Ce que vous êtes sur le point de lire s'écarte de ce que la chrétienté corrompue a enseigné concernant le peuple juif. L'approche présentée consiste à examiner directement les Écritures hébraïques au lieu de s'appuyer sur les rationalisations des rabbins ou d'autres enseignants religieux. Êtes-vous prêt à étudier vos Écritures, les Écritures hébraïques, le *Tanakh*, ou préférez-vous laisser quelqu'un d'autre penser et interpréter à votre place ?

L'un des principaux clivages entre les deux religions historiques que sont le christianisme et le judaïsme concerne une compréhension différente de la nature même de D.ieu. Je soutiens que le *Tanakh* lui-même est riche en révélations sur la véritable nature de D.ieu. Les Écritures hébraïques donnent une image de D.ieu comme une unité plurielle en un seul être. En étudiant les nombreux passages du *Tanakh*, il apparaît clairement que le concept chrétien d'un « D.ieu du Nouveau Testament » ayant une identité distincte de celle du D.ieu du *Tanakh* est inexact. En même temps, la révélation détaillée du *Tanakh* concernant l'unité plurielle de D.ieu ne correspond pas aux enseignements des rabbins sur le monothéisme absolu. Si l'on regarde clairement les Écritures, les enseignements du *Tanakh* et du Nouveau Testament ne sont pas contradictoires, mais complémentaires, chacun donnant une révélation du même D.ieu avec une nature cohérente.

Cette compréhension essentielle de la nature de D.ieu dévoile le mystère de la relation que le peuple juif peut entretenir avec son D.ieu, en toute confiance, sur la base de la révélation des Écritures hébraïques. Cette compréhension est également en mesure d'éclairer les chrétiens des nations sur la nature durable et immuable de D.ieu, d'éternité en éternité.

Je suis émerveillé par le *Tanakh* et par l'alliance que D.ieu a conclue avec votre père Abraham. *HaShem* a également confirmé l'alliance abrahamique à Isaac et Jacob. J'ai observé que vous êtes le peuple le plus particulier au monde. Vous excellez dans tous les domaines d'activité bien au-delà de la taille de votre population par rapport à toutes les autres ethnies et cela en raison des promesses de cette alliance ; un domaine fait exception, celui de l'étude du *Tanakh* lui-même. Je veux vous mettre au défi, intellectuellement et spirituellement, d'examiner par vous-même les paroles de *HaShem* alors qu'Il s'est révélé à vos pères et à vous. Voyons ce qui est à l'origine de l'éclipse entre le peuple juif et son D.ieu. Joignez-vous à moi pour que nous examinions ensemble vos Écritures. Je crois que des réponses perspicaces sont à portée de main si vous êtes patients.

Chapitre Trois :
Comment décrivons-nous D.ieu par rapport à l'homme ?

Dans mes échanges avec mes amis Juifs, ils me disent que le peuple juif d'aujourd'hui n'a pas de relation personnelle avec D.ieu, le D.ieu d'Israël, et cela pour les raisons qui suivent :

- D.ieu n'existe pas ;
- Le D.ieu des miracles dans le *Tanakh* est un mythe ; aussi, il ne vaut donc pas la peine de s'y aventurer ;
- Si nous sommes Son peuple choisi, où était-Il durant l'Holocauste ?
- Nous n'avons ni temple ni sacrifices, aussi comment pouvons-nous entrer en relation avec Lui ? En outre, les sacrifices sont dépassés ;
- Nos rabbins nous ont chargés de toutes sortes de lois inutiles, alors pourquoi s'en préoccuper ?
- Nous sommes las d'avoir l'air différents avec tous nos costumes traditionnels et nos coutumes ;
- Nous sommes fatigués d'attendre le Messie alors que nos espérances sont constamment déçues. Nous pouvons rendre le monde meilleur par nous-mêmes ; le Messie n'est pas une personne à venir, mais un mouvement messianique.

- Le D.ieu du *Tanakh* n'est pas pertinent pour le 21ᵉ siècle.

Ces choses et d'autres ont découragé le peuple juif, le faisant se sentir très éloigné du D.ieu de ses pères Abraham, Isaac et Jacob. Certains jeunes juifs, après avoir rempli leur obligation militaire dans l'armée israélienne, se lancent dans l'hindouisme et d'autres religions orientales mystiques pour trouver les réponses fondamentales aux questions de la vie : qui suis-je ? Pourquoi est-ce que j'existe ? Quel est le but de la vie ? D.ieu ne peut être intellectualisé ou rendu rationnel. Comment Abraham, Moïse, Samuel, Daniel et Élie ont-ils pu avoir une relation aussi personnelle et vibrante avec Lui, et cela est-il possible aujourd'hui ? Comment le peuple juif comprend-il D.ieu, Sa majesté, Sa nature, Son caractère et Son essence ? Regardons ce que D.ieu dit de Lui-même et par la suite, ce qu'Il dit de l'homme. Pour cela, nous allons prendre pour référence Sa Parole, qui vous a été donnée personnellement, à vous, le peuple juif. Nous ne sommes pas intéressés par ce que les hommes religieux disent de Lui, qu'ils soient rabbins, prêtres ou prédicateurs. Les Écritures hébraïques ont été écrites pour que vous puissiez les lire et les comprendre, et non pas pour que des religieux de métier les utilisent pour vous contrôler. Nous allons commencer par le tout début afin de rechercher quelques informations de base à Son sujet.

Commençons par les Écritures hébraïques. D.ieu, le souverain de l'univers vous a donné, à vous le peuple juif, un livre appelé *Tanakh* (la Bible hébraïque appelée Ancien Testament par les chrétiens). Comme avec n'importe quel livre, on peut en tirer des éléments que l'auteur n'a jamais voulu y mettre ; c'est ce que des hommes religieux ont fait, qu'ils soient rabbins, prêtres ou prédicateurs. Aussi, comment pouvons-nous éviter cela dans notre étude du

Tanakh ? Premièrement, il nous faut comprendre que D.ieu, en tant que Créateur de toutes choses dans les cieux et sur la terre, est capable de communiquer avec l'homme par le biais du langage, car Il est également Celui qui a créé les langues et la grammaire. D.ieu est le plus grand communicateur, et Il est tout à fait à même d'utiliser le langage pour communiquer avec Son peuple, car Lui-même est une personne. Les hommes pensent à tort que D.ieu ne peut pas très bien communiquer, alors ils essaient de L'aider en ajoutant aux Écritures leurs propres interprétations. Mais en réalité, comme tous les hommes religieux le font, ils confondent, citent mal, nient et modifient ce que D.ieu dit, utilisant leur propre raisonnement dans leurs interprétations au lieu de soumettre entièrement leur interprétation à ce que D.ieu dit. Ce qui suit est une bonne approche pour interpréter le *Tanakh* alors que nous lisons et étudions ce que la Parole de D.ieu nous enseigne sur Lui :

> Lorsque le sens simple de l'Écriture est évident, ne cherchez pas d'autre sens ; prenez donc chaque mot dans son sens premier, ordinaire, habituel, littéral, à moins que les faits du contexte immédiat, étudiés à la lumière des passages apparentés et des vérités axiomatiques et fondamentales, n'indiquent clairement le contraire.[12]

Nous devons méditer cette approche et y revenir souvent, car j'ai découvert que dans le *Talmud* et les commentaires qui s'y rapportent, les rabbins ont pris des libertés sans précédent en ajoutant des avis. Ils font parfois preuve d'une grande imagination créatrice pour interpréter et associer des passages qui n'ont absolument rien à voir avec le contexte.

---

[12] David L. Cooper, *The God of Israel* (Los Angeles, CA : Biblical Research Society, 1945), Foreword.

Ils en font un dogme en raison de leur position religieuse, ignorant ainsi l'interprétation évidente de nombreux passages. Ils ne sont pas les seuls ; les chrétiens sont coupables de la même chose.

Il est important de réaliser que le *Tanakh* est la Parole de *HaShem* ; c'est le message qu'Il vous transmet à vous, le peuple juif. Les rabbins du passé gardaient méticuleusement les Écritures, conservant chaque mot et chaque lettre lors de leur reproduction à la main. Ce qui vous est transmis, c'est une copie fidèle de la lettre de D.ieu à vous tous, nation d'Israël. Que ce soit la *Torah* (les Livres de Moïse), les Prophètes ou les Écrits (qui constituent les trois parties du *Tanakh*), tous constituent la Parole de D.ieu. Nous savons que la Torah est fondamentale, mais cela ne signifie pas que les sections des Prophètes et des Écrits du *Tanakh* occupent une place moins importante dans la Parole de D.ieu, car *HaShem* en est tout autant l'auteur. Le D.ieu d'Abraham, d'Isaac et de Jacob qui a parlé à Moïse sur le mont Sinaï est le même D.ieu qui a parlé par David, le psalmiste, et les prophètes tels que Daniel, Ésaïe, Jérémie, Ézéchiel, Osée et Zacharie.

D.ieu

Dans le *Tanakh*, D.ieu se désigne lui-même par les noms suivants : *Elohim*[13] (D.ieu), *El* (D.ieu), *Eloah* (D.ieu), *Elah* (D.ieu), *ÉTERNEL* (YHVH) et *SEIGNEUR* (*Adhonai*). Voici une brève description de l'utilisation de ces termes pour le D.ieu d'Israël :

---

[13] Par la suite *Elohim* sera écrit *Elokim*.

Hébreu	Nom	Pluriel ou Singulier	Nombre dans le *Tanakh*
אֱלֹהִים	*Elokim*	pluriel	2 600 fois[14]
אֵל	*El*	singulier	238 fois
אֱלוֹהַּ	*Eloah*	singulier	57 fois
אֱלָהּ	*Elah*	singulier	87 fois
יְהוָה	ÉTERNEL : Nom personnel de D.ieu — YHVH	singulier	6,828 fois
אֲדֹנָי	*Adhonai* : Seigneur/Maître	Pluriel quand faisant référence à D.ieu	449 fois[15]

Commençons en citant Genèse [*Bereshit*] 1 v.1

*Au commencement **D.ieu créa** les cieux et la terre.*

Nous allons regarder les deux mots en caractères gras. Le mot traduit par D.ieu est *Elokim,* qui est au pluriel. Comment est-ce possible et correct sachant que le judaïsme enseigne que D.ieu est un ? Mais les rabbins enseignent également que D.ieu est un absolu (tout seul, unique : *yachid*) et non un pluriel (pluralité dans l'unité : *echad*).

---

[14] Dans le christianisme, le mot pluriel pour D.ieu s'écrit en français *Elohim*. Cependant, les orthodoxes et les ultra-orthodoxes l'orthographient *Elokim*.

[15] *Adhonai* est utilisé en combinaison avec *Yahweh*/ÉTERNEL 315 fois, et il est maintenant généralement admis que dans la littérature de l'Ancien Testament *adhonai* est un nom indépendant pour D.ieu tout comme *elohim*, signifiant « le Seigneur ». Source : William B. Eerdmans Publishing Company's *Theological Dictionary of the Old Testament*, plusieurs éditions.

Deux points

Deux points permettent de comprendre la relation entre ces deux mots. **Premier point** : Si D.ieu est un être absolu (*yachid*) comme le prétendent les rabbins, alors pourquoi Moïse utilise-t-il un mot pluriel pour D.ieu afin de montrer son unicité (*echad*) ? Même le psalmiste dans le Psaume 45 v. 6-7 [7-8][16] affirme qu'il y a deux *Elokims* :

> *⁶Ton trône, « **qui est de** » ô Dieu [Elokim], « **demeurera** » est pour toujours et à perpétuité ; c'est un sceptre de droiture que le sceptre de ton règne. ⁷Tu as aimé la justice, et tu as haï la méchanceté ; c'est pourquoi **Dieu** [Elokim], ton **Dieu** [Elokim], t'a oint d'une huile de joie au-dessus de tes compagnons.*

Dans ce passage, il y a deux *Elokim*s, mais de plus, il y a un *Elokim* qui est oint par l'autre *Elokim*. Aujourd'hui, les rabbins tentent d'expliquer cela, mais rappelez-vous la méthode d'interprétation utilisée dans cet ouvrage et citée précédemment (voir la note 12 en bas de page). À noter que les mots en caractères gras « qui est de » et « demeurera » figurant dans le verset de la traduction de Harkavy en anglais, ne figurent pas dans le texte hébreu, mais ont été ajoutés pour obscurcir le sens littéral du texte. *Elokim* est utilisé 2600 fois dans le *Tanakh*, 2350 fois en relation avec le D.ieu d'Israël et 250 fois en relation avec des dieux païens. À titre d'exemple, citons Exode 20 v.2-3 :

---

[16] Les citations entre crochets indiquent les numéros de référence dans la Bible juive lorsqu'ils diffèrent des numéros des mêmes versets présentés dans la Bible chrétienne. La Bible chrétienne contient la totalité des 39 livres du *Tanakh* et en plus les 27 livres du Nouveau Testament, mais certaines numérotations de l'Ancien Testament peuvent être légèrement différentes dans les versions chrétiennes.

> ²*Je suis l'Éternel, ton **Dieu** [Elokim], qui t'ai fait sortir du pays d'Égypte, de la maison de servitude.*
> ³*Tu n'auras point d'autres **dieux** [elohim] devant ma face.*

La question qui se pose est la suivante : pourquoi Moïse utilise-t-il *Elokim* (pluriel) en parlant de D.ieu alors qu'il dispose en hébreu de deux autres mots, *El* et *Eloah*, qui sont tous deux au singulier ? Ces mots singuliers pour D.ieu refléteraient mieux la nature et l'essence de D.ieu en tant qu'absolu [*yachid*] tel que les rabbins l'interprètent et élimineraient complètement toute possibilité de pluralité de D.ieu. D.ieu, par l'intermédiaire de Moïse, a-t-Il mal communiqué à Israël, dans la toute première phrase de Sa Parole, Sa propre nature et Son essence, rendant ainsi le *Tanakh* erroné dès le début ? Si D.ieu est un comme le disent les rabbins, pourquoi n'a-t-Il pas utilisé exclusivement dans tout le *Tanakh* par la bouche de Moïse et des Prophètes les mots au singulier pour D.ieu tels que *El*, *Eloah*, et *Elah* après l'exil. Cela aurait effectivement éliminé toute référence future au fait que le D.ieu d'Israël est le pluriel d'une unité [*echad*]. Dans Genèse 1 v.1, D.ieu présente Son unité, mais Il fait également valoir un autre point.

Le **deuxième point** est que D.ieu, par l'intermédiaire de Moïse, enfreint les règles de la grammaire, car le mot *Elokim* étant au pluriel, il requiert donc grammaticalement un verbe au pluriel pour s'accorder avec le sujet. Cependant, dans Genèse 1 v.1, ce n'est pas ce que fait D.ieu. Il utilise le nom *Elokim*, qui est au pluriel, et le verbe *créa*, qui est au singulier, n'accordant donc pas grammaticalement en genre et en nombre le verbe au nom de D.ieu. Alors pourquoi, dans la toute première phrase du *Tanakh*, D.ieu brise-t-il délibérément les règles de grammaire ? Le nom pluriel *Elokim* [D.ieu] et le verbe singulier *créa* ne s'accordent tout simplement pas d'un point de vue grammatical. Ainsi, lorsque D.ieu communique avec Moïse, se trompe-t-Il dans la citation ou commet-Il une erreur ? Ou bien D.ieu enfreint-Il la grammaire intentionnellement pour attirer notre attention ? En utilisant un nom pluriel et un verbe singulier, il affirme qu'Il est effectivement un D.ieu (*echad*) en utilisant le verbe singulier *créa*. Il déclare aussi qu'Il est une unité plurielle (*echad*) en utilisant le nom pluriel *Elokim*.

Pourquoi ce sujet est-il aussi sensible dans le judaïsme ? On peut y répondre de la manière suivante : dans le *Tanakh*, Moïse prophétise dans Deutéronome 29 v.25 à 30 v.17-20 et les prophètes rapportent que vos pères ont choisi de désobéir à *HaShem* et d'adorer les dieux païens. Cette désobéissance intervient après l'alliance mosaïque (Exode 24 v.3-8) lors de laquelle ils se sont engagés à adorer *HaShem* Lui seul. Parce que *Elokim* a conclu une alliance avec vos pères et qu'ils s'y sont engagés, *HaShem* les a fait sortir d'Égypte et leur a donné la terre qu'Il avait promise à Abraham, Isaac et Jacob dans l'alliance abrahamique (Genèse 12 v.1-3 ; 13 v.14-18 ; 15 v.1-21 ; 17 v.1-21 ; 22 v.15-18). Il dit également, dans l'alliance de la Terre, que si vos pères Lui obéissent, les bénédictions décrites dans Deutéronome 28 v.1-14 surabonderont. Par contre, la désobéissance entraînera les jugements par les malédictions décrites dans Deutéronome 28 v.15-68. Si la désobéissance demeure, Il enverra vos pères en captivité, ce qu'Il fit lors des captivités en Assyrie et à Babylone. Vient ensuite la Grande Diaspora sous l'occupation des Romains en 70 et 135 de notre ère, et c'est un fait historique (Deutéronome 29 v.1-29). D.ieu fait la promesse à Abraham, en raison de sa foi en *HaShem*, que lui et ses descendants, c'est-à-dire le peuple juif, posséderont la Terre. Pourquoi est-ce ambigu et difficile ? Que s'est-il passé au cours des 1900 dernières années pour que le peuple juif ne soit pas en mesure de posséder la terre et de vivre en paix ? Le principe établi par HaShem est que le titre de propriété de la Terre revienne au peuple juif et que rien ne peut le supprimer ; cependant, la jouissance de la Terre est basée sur la fidélité et l'obéissance d'Israël à *HaShem* et non à sa soumission à des hommes religieux. Les individus et les chefs religieux doivent Lui rendre des comptes, et cela est également vrai pour les rabbins. Vous, en tant qu'individu ou collectivement en tant que nation, êtes responsables devant *HaShem* pour tout ce qu'Il a écrit dans Sa Parole, le *Tanakh*. Cependant, en tant que dirigeants, la responsabilité des rabbins envers *HaShem* est encore plus grande, leur enseignement devant refléter ce que *HaShem* attend de vous individuellement ou d'Israël collectivement.

Les responsables religieux et le peuple après la captivité babylonienne ne voulaient plus jamais être accusés d'idolâtrie et vivre un autre exil. C'est la raison pour laquelle ils se sont fixés sur l'unicité (*yachid*) de *Elokim* (*HaShem*), ce qui est compréhensible et spirituellement raisonnable. Cependant, ils ont été confrontés à plusieurs passages faisant référence à la pluralité de *HaShem* ; ils n'ont pas su que faire de ces passages parce qu'ils avaient décrété que *HaShem* était un absolu (*yachid*). Au lieu d'analyser comment *HaShem* s'est révélé à Israël, ils ont choisi de rationaliser les passages qui montrent l'aspect pluriel de l'unicité (*echad*) de *Elokim* (*HaShem*). Les apôtres du Nouveau Testament enseignent que Jésus (*Yéchoua*) accomplit les prophéties de Moïse et des Prophètes qui annoncent la venue du Messie, fils de David, dans la chair (Ésaïe 9 v. 6-7 [5-6]). Mais le sanhédrin et les chefs religieux de l'époque, par leur focalisation sur l'unicité absolue (*yachid*) de D.ieu, conduisent le peuple à rejeter *Yéchoua* en tant que Messie d'Israël 40 ans avant la destruction de Jérusalem et du Temple, *la ville et le lieu saint* (Daniel 9 v.26). Le *Talmud*, qui constitue l'enseignement et les commentaires des rabbins sur le *Tanakh*, apporte quelques remarques intéressantes. La déclaration suivante, tirée du *Talmud*, indique un vide dans les observations historiques des rabbins. La Talmud Babylonien déclare :

> Nos rabbins ont enseigné : pendant les quarante dernières années avant la destruction du Temple, le sort [« pour le Seigneur »] n'est pas tombé dans la main droite ; la lanière cramoisie n'est pas devenue blanche ; la lumière la plus occidentale n'a pas brillé ; et les portes du Hekel [Temple] s'ouvraient d'elles-mêmes (version Soncino, *Yoma* 39 b).

Les rabbins n'ont jamais fait le lien entre les événements mentionnés dans le *Talmud* et le rejet et la mort de *Yéchoua* en tant que Messie d'Israël, 40 ans avant la destruction du Temple.

Comme autre élément : le Nouveau Testament affirme une chose que le Talmud ne mentionne pas, à savoir que le voile qui sépare le Lieu saint du Saint des saints dans le Temple se déchira de haut en bas (Matthieu 27 v.51-53) au moment de la mort de *Yéchoua*. Tous ces phénomènes eurent lieu 40 ans avant la destruction de *la ville et le lieu saint* comme l'a annoncé le prophète Daniel 600 ans auparavant (Daniel 9 v.26). C'est cette même année que Jésus est devenu l'agneau de la Pâque de D.ieu. *HaShem* a parlé à vos pères par le biais d'événements inhabituels, mais ils n'ont pas compris.[17] Pourquoi ces choses se sont-elles produites et

---

[17] Il s'agit d'Exode 12 v.3 qui stipule que le 10e jour du premier mois (Aviv/Nisan) de leur année, ils devaient prendre un agneau et l'observer pendant quatre jours pour s'assurer qu'il s'agissait d'un agneau parfait, sans tache ni défaut. Le 14e jour, l'agneau devenait l'agneau de la Pâque. Dans les Évangiles du Nouveau Testament, nous découvrons le moment où *Yéchoua* entre à Jérusalem monté sur un âne (Zacharie 9 v.9) : c'est le 10e jour du premier mois de

pourquoi les rabbins n'ont-ils pas fait le rapprochement avec la mort de *Yéchoua* [Jésus], l'*Agneau de Dieu* (Jean 1 v.29, 35) pour les péchés de tous, Juifs comme païens ? *Yéchoua* est celui dont Ésaïe parle comme étant le Serviteur souffrant de *HaShem* dans Ésaïe 52 v.13 à 53 v.12.

Le sanhédrin du premier siècle a refusé de voir le lien et s'est entêté à dire que Jésus n'était pas le Messie. C'est ce qui a causé un fossé théologique entre les Juifs qui ont rejeté Jésus et ceux qui l'ont accepté. On estime qu'au premier siècle de notre ère, 20 à 30 pour cent des Juifs de Jérusalem, de Judée et de Galilée avaient reconnu Jésus comme leur Messie. Si l'on associe au rejet du sanhédrin la corruption de l'église et toutes les atrocités commises au nom du christianisme institutionnel envers le peuple juif depuis le IVe siècle de notre ère, le rejet par les rabbins de la messianité de *Yéchoua* n'a été que renforcé.

Nous voici donc au XXIe siècle, vingt siècles après la mort et la résurrection de Jésus, et mes amis juifs déclarent, comme nous l'avons déjà mentionné, que le judaïsme n'est pas pertinent et que D.ieu n'est pas présent. Le peuple juif a été déçu et désillusionné au cours des siècles alors qu'il recherchait le Messie et l'accomplissement des promesses ; dans cette quête, il a accepté 46 faux messies dont le dernier en date est Menachem Schneerson qui a vécu dans la ville de New York.[18] Le prophète Ézéchiel rapporte la Parole de

---

leur année et les Pharisiens, les Scribes, les Sadducéens et les Hérodiens peuvent l'observer pendant quatre jours. Ils ne trouvent rien à redire sur *Yéchoua* et, le 14e jour, Il devint l'agneau de la Pâque de D.ieu, comme Jean-Baptiste l'a présenté : « *Voilà l'Agneau de Dieu qui ôte le péché du monde !* » (Évangile selon Jean 1 v.29)

[18] Voir le Nouveau Testament, Évangile selon Matthieu 24 v.3-7.

HaShem au chapitre 37 v.11. Il décrit les sentiments et le cœur du peuple juif et ce qu'il dira dans les derniers jours :

> *Et il me dit, Fils d'homme, ces os sont toute la maison d'Israël. Voici, ils disent, Nos os sont desséchés, et notre attente a péri ; nous sommes retranchés !*

Voici le cœur du peuple juif d'aujourd'hui qui parle à travers Ézéchiel : *Où est D.ieu ? Où est le Messie ? Où est l'espérance des promesses dont nos pères nous ont parlé ?* Mais à chaque déception, à chaque acte antisémite, où est D.ieu ? Nous avons perdu tout espoir ! Pourtant, le témoignage et les paroles de Moïse et des Prophètes n'ont pas été pris en considération. *HaShem* n'a pas parlé au peuple juif depuis le prophète Malachie il y a 2400 ans, et pourtant *HaShem* ne vous a pas rejetés et ne s'est pas désintéressé du peuple juif.

Les Juifs sont fatigués d'être persécutés simplement par le fait qu'ils sont juifs et à cause des étiquettes que l'église apostate institutionnelle a placées sur leurs têtes au cours des siècles. Les nations qui entourent Israël cherchent à le détruire ; l'Europe n'aime pas l'existence d'Israël et, dans 50 ans, l'Islam sera majoritaire parmi les populations européennes. Toutes les autres nations jouent des jeux politiques avec Israël, y compris les États-Unis. Qu'en est-il du peuple juif ? Cela vous laisse sans espoir, quant au Royaume promis, un monde meilleur que de nombreux membres du judaïsme séculier, réformé et conservateur tentent d'atteindre. Le monde se corrompt plus que jamais, et Israël reste à l'écart, cherchant simplement la paix et la liberté pour vivre en sécurité. Son simple désir est d'élever des familles sans les menaces incessantes du monde, sans les terroristes kamikazes, les assassins, les roquettes du Hamas à Gaza et du Hezbollah au Liban, et sans tous les discours de haine et la propagande dirigés contre Israël par le monde islamique et d'autres antisémites.

La question que vous devez donc vous poser d'un point de vue biblique est de savoir pourquoi toutes ces choses arrivent au peuple juif. Alors que Son peuple est piétiné pendant des siècles par les païens, pourquoi D.ieu reste-t-il complètement silencieux ? Pourquoi ? N'est-il pas raisonnable de chercher la réponse dans la Parole de D.ieu au lieu d'être continuellement influencé par les écrits et les paroles du judaïsme rabbinique qui ne peut pas offrir une réponse biblique basée sur les paroles de Moïse et des Prophètes ? En agissant ainsi, vous découvrirez que la raison pour laquelle votre D.ieu est éclipsé tourne autour de la question centrale de Son identité, qu'Il vous a révélée dans vos propres Écritures. Il a tant à dire sur Israël et l'avenir du peuple juif dans le *Tanakh* ! Alors que vous parcourez ce livre et étudiez les références plurielles de *HaShem* ainsi que les nombreux passages qui traitent de la divinité du Messie, faites un examen attentif et personnel de ces passages et pensez par vous-même.

À l'image et à la ressemblance d'Elokim

Dans la *Torah*[19], qui constitue les livres de Moïse, D.ieu explique brièvement et de manière générale dans Genèse 1 v.26-27 comment Il a créé l'humanité :

> [26]*Et Dieu dit,* **Faisons l'homme à notre image***, selon* **notre ressemblance***, et qu'ils dominent sur les*

---

[19] Le terme Torah est utilisé dans le judaïsme de manière très souple. Il est utilisé que ce soit pour un point spécifique d'enseignement ou pour l'ensemble des écrits du Talmud et du Midrash. Cependant, dans cet ouvrage, il n'est utilisé que pour désigner les cinq livres de Moïse.

*poissons de la mer, et sur les oiseaux des cieux, et sur le bétail, et sur toute la terre, et sur tout animal rampant qui rampe sur la terre. ²⁷Et Dieu créa **l'homme** à son image ; il **le** créa à l'image de Dieu ; il **les** créa **mâle et femelle.*** (Bible Darby) [Caractères gras par l'auteur.]

D.ieu a créé l'homme à Son image et à Sa ressemblance. Nous avons vu dans Genèse 1 v.1 que le mot pour D.ieu est *Elokim* et qu'il s'agit d'un mot pluriel. À nouveau, c'est étrange, car, si *Elokim* est un absolu [*yachid*], alors pourquoi le grand législateur Moïse utilise-t-il le mot pluriel *Elokim* sachant qu'il dispose de deux mots singuliers (*El* ou *Eloah*) ?

Lorsque *Elokim* créa les autres jours de la création, il est dit, *Qu'il y ait.... Et il fut ainsi* dans Genèse 1 v. 6, 9, 11, 14, 20 et 24. La déclaration est très impersonnelle, générique et factuelle. Cependant, *Elokim* au verset 26 agit à l'opposé en devenant très personnel. Pour les autres jours de la création, Moïse utilise le mot *min* qui signifie genre ou espèce. Pour la création de l'homme, le mot *min* n'est pas utilisé, car l'homme est la couronne de la création de D.ieu. L'homme n'a pas été créé par *Elokim* comme un genre ou une espèce, mais comme quelqu'un d'unique semblable à Lui-même lorsqu'Il dit : **Faisons l'homme à *notre* image, selon *notre* ressemblance.** Nous n'avons pas été créés (ou n'avons pas évolué) à partir d'animaux ou comme eux, mais nous avons été créés par *Elokim* pour être semblables à *Elokim*. Les rabbins disent que le « nous » pluriel de *Elokim* se réfère aux anges du ciel qui sont en consultation avec D.ieu dans le grand conseil de D.ieu. Il y a un problème majeur dans cet argument : Il n'y a pas d'anges dans le présent contexte et les anges ne sont jamais mentionnés comme faisant partie du conseil de D.ieu. Il faut se rappeler que toute la sagesse que D.ieu voulait que les anges possèdent leur a été donnée par *Elokim* lui-même. Aussi, pourquoi aurait-Il besoin de leur consultation pour commencer (Ésaïe 40 v.13-14)? C'est *Elokim* pluriel qui parle et qui agit ensuite au singulier dans le verset 27 *et Il les créa*. *Elokim*, qui domine toutes choses dans les cieux et sur la terre, a créé l'homme pour qu'il règne en tant que sujet et qu'il domine la terre. Il y a ici un parallèle. Elokim, pluriel, règne sur l'univers et l'homme (mâle et femelle) pluriel, doit dominer la terre sous l'autorité de D.ieu. Il s'agit d'une représentation biblique et non d'un concept d'évolution inventé par l'homme, qui nie l'esprit créatif, la personne et l'intellect de *Elokim*, et qui place l'homme au rang d'animal évolué.

Elokim est Celui qui parle dans Genèse 1 v.26, et Il fait une déclaration très inhabituelle. *Faisons l'homme*. Non seulement *Elokim* se présente comme une personne plurielle qui a créé l'homme à Son image et à Sa ressemblance, mais Il utilise un pronom à la première personne du pluriel. Cela signifie-t-il qu'*Elokim* a un corps avec des bras, des jambes, des mains et des pieds? Absolument pas! *Elokim* est un pur esprit, alors comment *Elokim* nous a-t-il créés à Son image et à Sa ressemblance? *Elokim* est une personne et Il a créé l'humanité en tant que des êtres, des personnes comme Lui-même bien que limitées. Il possède des émotions (sentiments, amour, chagrin et patience), de l'intellect (esprit) et de la volonté (capacité à décider). Il est capable d'élaborer un plan et de le planifier dans les moindres détails. Il peut contempler la création et dire qu'elle *est bonne*. Nous avons également des émotions, une intelligence et une volonté, et nous pouvons nous aussi regarder ce que notre esprit et nos mains ont accompli avec beaucoup de satisfaction. Nous sommes des personnes, des personnalités uniques au-dessus de toute la création. Beaucoup de choses ont été dites au fil des ans sur la façon dont l'homme est semblable à *Elokim*, mais un point demeure très clair : selon Sa Parole, Il se désigne au pluriel lorsqu'Il crée les cieux et la terre. Il se réfère également à Lui-même au pluriel lorsqu'Il crée l'humanité au pluriel.

Elokim, en tant que Personne, a fait l'homme à Sa ressemblance ; Il nous a fait, nous, l'humanité (le terme hébreu est *adam*) mâle et femelle, pluriel, à Son image, car Il est pluriel selon le sens de *Elokim.* Il domine sur l'univers en tant que *Elokim,* tout comme nous, en tant qu'humanité, nous devons gouverner ou dominer la terre au pluriel, hommes et femmes. Ce qui devient intéressant, c'est que *Elokim,* au pluriel, lorsqu'Il crée, Il le fait au singulier selon la Genèse 1 v.27, car tout ce qu'*Elokim* fait, Il le fait en tant qu'être *unique* (*echad*).

Elokim nous a créés à Son image et ressemblance lorsqu'Il a créé l'homme et la femme ou l'humanité au pluriel. Nous le reflétons en tant que personnes, nous sommes donc pluriels.

Un deuxième aspect est très intéressant. Chaque personne est faite au pluriel. Pour être exacts, nous sommes trois en un. Chacun d'entre nous a un corps, une âme et un esprit, cependant, nous sommes un (*echad*). Lorsque nous regardons un autre être humain, nous ne voyons que son corps ; nous ne voyons ni son âme ni son esprit qui sont invisibles. Le *Tanakh* présente *HaShem Elokim* de la même manière. Il présente trois qui sont un tout comme nous sommes trois en un, créés à Son image et à Sa ressemblance. *HaShem Elokim* se rend visible à Abraham, à Moïse, à Josué et à Gédéon ainsi qu'à d'autres en tant qu'Ange ou Messager de *HaShem,* alors que les deux autres personnes de *Elokim* restent invisibles à ce moment-là et tout au long de l'Écriture. Gardez tout cela à l'esprit lorsque nous regardons *Elokim* à travers la Loi, les Prophètes et les Écrits.

Cela peut vous paraître étrange, mais remettez en question l'état actuel des choses, questionnez et lisez avec votre cœur les Écritures hébraïques (Deutéronome 6 v.5 ; 10 v.12 ; 11 v.13), car le *Tanakh* est le livre de *Elokim* pour vous. Vous n'avez pas besoin de lire et d'étudier sous la direction de rabbins utilisant des commentaires rabbiniques que vous avez largement rejetés parce qu'ils font partie du problème. À titre d'exemple, voici certaines sources rabbiniques qui montrent à quel point le judaïsme rabbinique, dans ses tentatives de conformité, a en fait sapé l'autorité de la Parole de *HaShem* et placé ses propres paroles (la Loi orale) au-dessus de celles de *HaShem*. Regardez ces déclarations et demandez-vous ensuite ce qui a éclipsé votre D.ieu :

> Il est plus répréhensible d'agir contre les paroles du scribe que contre celles des Écritures.
>
> Celui qui dit quelque chose qu'il n'a pas entendu de son rabbin fait partir la *shekinah* d'Israël.
>
> Celui qui contredit son rabbin est comme celui qui contredit la *shekinah*. Celui qui parle contre son rabbin est comme celui qui parle contre D.ieu.
>
> Mon fils, sois plus attentif aux paroles du rabbin qu'à celles de la loi mosaïque.
>
> Nos rabbins ont enseigné que l'étude des Écritures n'est ni bonne ni mauvaise. En revanche, l'étude de la Mishna [interprétation rabbinique] est une bonne habitude et apporte une récompense. En ce qui concerne les lois des scribes, quiconque transgresse l'une d'entre elles encourt la peine de mort. Traité *Eruvin* 21 b.

Celui qui s'occupe de l'Écriture n'a pas de mérite. Celui qui s'occupe de la Mishna obtient un gage, car cela suscite une récompense. Celui qui s'occupe du Talmud, il n'y a pas de source de plus grand mérite que celle-ci. *Talmud, Chabbat* 15c et *Baba Metzia* 33a.

Certains enseignements ont été transmis oralement, d'autres par écrit… nous en concluons que ceux qui ont été transmis oralement sont plus précieux. *Hagigah* 1 v.7b

Celui qui ne tient pas compte de la Mishna et qui n'agit pas conformément à ses enseignements, méprise la parole de l'Éternel. *Sanhedrin* 99a

Ces huit déclarations rabbiniques proviennent du *Talmud* et chacune d'entre elles déprécie l'autorité des Écritures.[20] Le judaïsme rabbinique serait-il la cause de l'éclipse entre Israël et son D.ieu ?

Elokim vous a transmis les Écritures, à votre intention, afin de vous montrer Son amour et Sa compassion pour vous, car grand est l'amour de *HaShem* pour Israël (Deutéronome 7 v.7-8 ; Sophonie 3 v.17 ; Zacharie 2 v.12). Mais le judaïsme rabbinique a remplacé la parole de *Hachem* par des paroles d'hommes.

Le judaïsme rabbinique n'est pas le seul à avoir procédé à une réinterprétation intellectuelle du *Tanakh*. Certains chrétiens ont fait la même chose avec le Nouveau Testament en spiritualisant le texte au point de le rendre méconnaissable afin de satisfaire à une opinion préconçue.

---

[20] Dans les traités *Berachot* 3:2 ; *Sanhedrin* 11:3 ; 99a ; *Yevamot* 89b-90a ; *Eruvin* 21b

Qui est l'ÉTERNEL ou HaShem ?

Examinons maintenant le Nom même de *HaShem*, Hw)*hy, qui n'est ni prononcé ni écrit par les orthodoxes, d'abord parce que la prononciation a été perdue, et ensuite par crainte de profaner ou de blasphémer Son Nom en l'utilisant incorrectement. Il s'agit d'une hypothèse bien fondée quant à la prononciation du nom de D.ieu, mais dans le *Tanakh*, le terme ÉTERNEL est utilisé. *Elokim* a donné le Nom, יְהֹוָה, aux israélites par l'intermédiaire de Moïse comme nom personnel de Son alliance par lequel ils peuvent l'appeler.

ÉTERNEL est utilisé 6828 fois dans le *Tanakh,* et comme indiqué précédemment dans ce chapitre, il s'agit d'un nom singulier pour *Elokim* qui est utilisé en permanence de cette manière. Pourtant, même avec ce mot singulier et personnel qui désigne le D.ieu d'Israël garant de l'alliance, il y a pluralité de références. Trois passages peuvent être cités succinctement :

> *Et l'Éternel fit pleuvoir des cieux sur Sodome et sur Gomorrhe du soufre et du feu, de la part de l'Éternel* (Genèse 19 v.24).

Il y a beaucoup à dire sur ce texte en revenant à Genèse 18, mais il suffit de souligner qu'il y a deux Éternels référencés dans le passage. Ainsi, non seulement *Elokim*, un mot pluriel, souligne la pluralité, mais le mot singulier Éternel peut être utilisé par *Elokim* pour désigner la pluralité. Dans les Prophètes, il y a deux autres références qui indiquent la même chose. Dans Osée 1 v. 2-7, l'Éternel parle aux versets 2, 4 et 6, et au verset 7, Il déclare qu'Il délivrera Israël en envoyant un autre Éternel qui est le *Elokim* d'Israël :

> *Mais je ferai miséricorde à la maison de Juda, et je les sauverai par l'Éternel leur Dieu [Elokim].*

Ici, non seulement il y a deux Éternel, mais le second Éternel est identifié comme leur *Elokim*, envoyé par le premier Éternel pour les sauver (Juda). Ésaïe 44 v.6 et 54 v.5 mentionnent également deux Éternels :

> *Ainsi dit l'Éternel, le roi d'Israël, et son rédempteur, l'Éternel des armées, Je suis le premier, et je suis le dernier ; et hors moi il n'y a pas de Dieu.* (Version Darby)

> *Car celui qui t'a faite est ton mari ; son nom est l'Éternel des armées, et ton rédempteur, le Saint d'Israël, il sera appelé Dieu [Elokim] de toute la terre.*

Tout d'abord, dans ce verset, *HaShem* se présente comme *Celui qui a fait* Israël et qui est le *mari* d'Israël. Ce qui devient intéressant, c'est que le Créateur et l'Époux sont tous deux au pluriel, signifiant littéralement que vos Créateurs sont vos époux. Également, il y a l'Éternel qui est le roi d'Israël et Celui qui est son rédempteur, l'Éternel des armées, deux Éternels.

Il y a quatre passages indiquant que *Elokim/HaShem* se réfère à Lui-même par le pronom à la première personne du pluriel. Citons-les :

> Genèse 1 v.26 — *Et Elokim (pluriel) dit,* **Faisons** *l'homme à* **notre** *image, selon* **notre** *ressemblance.*

> Genèse 3 v.22 — *Et l'Éternel [HaShem] Elokim (singulier et pluriel) dit, Voici, l'homme est devenu comme l'un de* **nous***, pour connaître le bien et le mal.*

> Genèse 11 v.7 — *Et l'Éternel dit [HaShem] (singulier)* **Allons***, descendons, et confondons là leur langage.*

Ésaïe 6 v.8 — *Et j'entendis la voix du Seigneur (pluriel) qui disait, Qui enverrai-je, et qui ira pour **nous** ?*

À remarquer que chacun de ces passages contient un mot capital pour D.ieu, et que l'un d'entre eux contient la combinaison de deux d'entre eux : *Elokim, Éternel Elokim, Éternel* et *Seigneur*. Quel est le sens littéral ? Le judaïsme rabbinique se donne beaucoup de mal pour contourner ce que l'Auteur de la langue dit Lui-même. Pourquoi ne pas prendre Elokim/Yahweh au mot ? Il se réfère à Lui-même au pluriel, en tant qu'unité plurielle d'un seul (*echad*).

Revenons au mot *Éternel* ou *Seigneur* dans Genèse 11 v.7. Le judaïsme rabbinique veut insérer une interprétation qui n'est pas dans le texte en faisant que le pluriel *nous* qui désigne le *Seigneur* fasse référence aux anges. Le même argument est tenté pour Genèse 1 v.26 alors qu'à nouveau, il n'y a à aucun ange dans le contexte. L'explication littérale est que le Seigneur parle au pluriel en utilisant un pronom de la première personne pluriel pour Lui-même. Il s'agit du même mot utilisé par les personnes aux versets 3 et 4 qui disent, *faisons des briques,* et *bâtissons-**nous** une ville, et faisons-**nous** un nom, de peur que nous ne soyons dispersés sur la face de toute la terre.* Pour tout le monde, lorsque les gens utilisent le terme nous, il s'agit du pluriel, mais lorsque D.ieu l'utilise, le judaïsme rabbinique dit : « Oh non, cela ne veut pas dire que D.ieu est au pluriel ; il est fait mention d'anges. » N'est-ce pas une marque d'arrogance de la part de l'homme limité de contester une chose très simple à comprendre que l'*Éternel* a écrite parce qu'elle va à l'encontre de sa conception de l'identité de l'*Éternel* ? Par ailleurs, il est intéressant de noter que les habitants de la tour de Babel voulaient se faire un nom. Dans leur désobéissance au commandement de *HaShem* de se disperser et de peupler la terre, ils sont restés groupés et ont été jugés. Cependant, dans Genèse 12 v.2, l'Éternel dit à Abraham dans la première déclaration de l'alliance abrahamique : *Je te bénirai, et je rendrai ton nom grand*, parce qu'Abraham a obéi.

Parce que le judaïsme rabbinique se fixe sur l'unicité absolue (*yachid*) de *Elokim*, les rabbins refusent de voir ce que *Elokim* (l'*Éternel*) fait consigner littéralement par Moïse et les Prophètes à Son sujet.

Chapitre Quatre : Manifestations audibles et/ou visibles d'Elokim et de l'Éternel

Les théophanies sont un sujet que le judaïsme rabbinique a clairement perçu. Mais encore une fois, si le texte est abordé avec un a priori et qu'il diffère de ce parti pris, comment le gérer ? Souvent, il est réinterprété en fonction du préjugé. Les rabbins, les prêtres et les prédicateurs ont tous tendance à faire cela. Cependant, si vous êtes cohérent avec la méthode d'interprétation littérale à laquelle il est fait référence au chapitre 2, vous ne laisserez pas votre parti pris prévaloir sur ce que dit *HaShem*. En suivant cette règle, c'est *HaShem* qui est écouté et non les préjugés ou les partis pris.

Le terme *théophanie* n'est pas biblique. Il provient de la combinaison de deux mots grecs *theos* (D.ieu) et *phaino* (briller, donner de la lumière), qui au passif, signifie « apparaître ou être révélé ». Ainsi, dans le *Tanakh,* il y a des moments où D.ieu apparaît et/ou Il parle de manière audible à l'homme. Selon la croyance rabbinique, il peut être très difficile, voire impossible à comprendre que *Elokim* prenne une forme humaine pour interagir avec l'homme. En lisant le *Tanakh*, on constate que *HaShem* est apparu à l'homme en utilisant d'autres noms ou titres, tels que *l'ange de l'Éternel* et *le chef de l'armée de l'Éternel*. On constate que les noms *Éternel, Elokim, ange de l'Éternel* [*HaShem*], ainsi que

Shechinah sont utilisés de manière interchangeable. *Shechinah* est un terme qui désigne la présence même de *Elokim*, comme lorsqu'Il habitait le Tabernacle et le Temple de Salomon. Mais il y a un autre facteur surprenant qui va être illustré sous peu. *L'ange de l'Éternel* est utilisé indifféremment avec *l'Éternel* et *Elokim*, et *l'ange de l'Éternel* affirme Sa divinité et Son égalité avec *l'Éternel*.

Exode 3 v.1-17... Ange de HaShem

Examinons l'un des passages les plus connus du judaïsme qui concerne l'appel de Moïse dans Exode 3 v.1-15.

> *¹ Et Moïse faisait paître le bétail de Jéthro, son beau-père, sacrificateur de Madian. Et il mena le troupeau derrière le désert, et il vint à la montagne de Dieu, à Horeb* [Mt Sinaï]*.*
>
> *² Et **l'Ange de l'Éternel lui apparut** dans une **flamme de feu**, du milieu d'un buisson à épines ; et il regarda, et voici, le buisson était tout ardent de feu, et le buisson n'était pas consumé.*
>
> *³Et Moïse dit, Je me détournerai, et je verrai cette grande vision, pourquoi le buisson ne se consume pas.*
>
> *⁴Et l'**Éternel** [HaShem] vit qu'il se détournait pour voir ; et **D.ieu** [Elokim] l'appela du milieu du buisson, et dit, Moïse ! Moïse ! Et il dit, Me voici.*
>
> *⁵Et il dit, **N'approche pas d'ici ; ôte tes sandales de tes pieds, car le lieu sur lequel tu te tiens est une terre sainte.***
>
> *⁶Et il dit, **Je suis le Dieu** [Elohim] de ton père, le Dieu d'**Abraham**, le Dieu d'**Isaac**, et le Dieu de **Jacob**. Et Moïse cacha son visage, car il craignait de regarder vers Dieu* [Elohim]*.*

*⁷ Et l'**Éternel** [HaShem] **dit**, J'ai vu, j'ai vu l'affliction de **mon peuple** qui est en Égypte, et j'ai entendu le cri qu'il a jeté à cause de ses exacteurs ; car je connais ses douleurs.*

*⁸ Et **je suis descendu pour le délivrer** de la main des Égyptiens, et **pour le faire monter de ce pays-là** dans un pays bon et spacieux, dans un pays ruisselant de lait et de miel, dans le lieu d'habitation du Cananéen, et du Héthien, et de l'Amoréen, et du Phérézien, et du Hévien, et du Jébusien.*

⁹ Et maintenant, voici, le cri des fils d'Israël est venu jusqu'à moi ; et j'ai aussi vu l'oppression dont les Égyptiens les oppriment.

*¹⁰Et maintenant, viens, et je t'enverrai vers le Pharaon, et tu feras sortir hors d'Égypte **mon peuple**, les fils d'Israël.*

*¹¹Et Moïse dit à **Dieu** [Elokim], Qui suis-je, moi, pour que j'aille vers le Pharaon, et pour que je fasse sortir hors d'Égypte les fils d'Israël ?*

*¹² Et il dit, Parce que je serai avec toi ; et ceci te sera le signe que c'est moi qui t'ai envoyé, lorsque tu auras fait sortir le peuple hors d'Égypte, vous servirez **Dieu** [Elokim] sur cette montagne.*

*¹³ Et Moïse dit à **Dieu** [Elokim], Voici, quand je viendrai vers les fils d'Israël, et que je leur dirai, Le **Dieu** [Elokim] de vos pères m'a envoyé vers vous, et qu'ils me diront, Quel est son nom ? que leur dirai-je ?*

*¹⁴ Et **Dieu** [Elokim] dit à Moïse, **JE SUIS CELUI QUI SUIS**. Et il dit, Tu diras ainsi aux fils d'Israël, **JE SUIS m'a envoyé vers vous**.*

*¹⁵ Et **Dieu** [Elokim] dit encore à Moïse, Tu diras ainsi aux fils d'Israël, l'**Éternel**, le **Dieu** [Yahweh Elokim] **de vos pères, le Dieu** [Elokim] **d'Abraham, le Dieu** [Elokim] **d'Isaac,** et **le Dieu** [Elokim] **de Jacob,** m'a envoyé vers vous, c'est là **mon nom** *éternellement, et c'est là mon mémorial de génération en génération.*

¹⁶ Va, et assemble les anciens d'Israël, et dis-leur, **L'Éternel,** **le Dieu de vos pères, m'est apparu [Moïse],** *le* **Dieu d'Abraham, d'Isaac, et de Jacob,** *disant, Certainement je vous ai visités, et j'ai vu ce qu'on vous fait en Égypte ;*

¹⁷ et j'ai dit, **Je vous ferai monter hors de l'affliction de l'Égypte,** *dans le pays du Cananéen, et du Héthien, et de l'Amoréen, et du Phérézien, et du Hévien, et du Jébusien, dans un pays ruisselant de lait et de miel.*

Le passage entier est cité avec certains mots clefs en **caractères gras,** car il y a lieu de comprendre plusieurs éléments avancés littéralement par *Elokim*. Il faut noter les points suivants :

- Verset 2 — L'orateur est *l'ange de l'Éternel*, qui est aussi la *Shechinah*, c'est-à-dire la présence même de D.ieu.

- Verset 4 — L'Éternel vit et *Elokim* appela.

- Verset 6 — L'orateur se présente Lui-même comme étant *Elokim* d'Abraham, d'Isaac et de Jacob.

- Verset 7 — L'*Éternel* parle et appelle Israël mon peuple.

- Verset 9 — le cri des fils d'Israël est venu jusqu'à *moi*.

- Verset 10 — L'Éternel dit, je t'enverrai vers *mon peuple*.

- Verset 12 — Vous servirez *Elokim* plus tard sur cette montagne.

- Verset 14 — C'est le *JE SUIS CELUI QUI SUIS,* la *Shechinah* qui envoie Moïse. Cela signifie littéralement qu'il est le D.ieu éternellement présent.
- Verset 15 — *Elokim* dit et s'identifie Lui-même l'Éternel [*Yahweh*] D.ieu [*Elokim*]. À nouveau, il s'agit d'une combinaison de noms pluriel et singulier de D.ieu.
- Verset 16 — L'Éternel qui apparaît à Abraham, Isaac et Jacob, apparaît à Moïse. Comparer à Genèse 12 v.7 ; 17 v.1, 22 ; 18 v.1 ; 26 v.2-4 ; 28 v.13-14.
- Verset 17 — Il les fera monter hors d'Égypte dans la Terre promise où coule le lait et le miel. Cela constitue un accomplissement partiel de l'alliance avec Abraham. Comparer avec Juges 2 v.1, puis Genèse 15 v.1, 2, 17-18.

Il faut remarquer comment les différents noms de D.ieu sont utilisés de manière interchangeable. La *Shechinah* et *l'Ange de l'Éternel* font aussi partie de la combinaison des termes utilisés par D.ieu alors qu'Il parle à Moïse depuis le buisson ardent.

Le judaïsme rabbinique aime à dire que *l'Ange de l'Éternel* parle en tant que représentant de D.ieu, c'est-à-dire que l'ange est lui-même un être créé. Dans le texte, le mot ange signifie messager. Si ce qu'affirme le judaïsme rabbinique est vrai, depuis quand un être créé est-il adoré et exige-t-il d'un humain d'ôter ses souliers parce qu'il se trouve sur une terre sainte ? Les êtres créés ne reçoivent pas d'adoration ni ne revendiquent pas la sainteté qui seule appartient à *HaShem*. Aussi, qui est *l'Ange de l'Éternel* qui apparaît à Moïse ?

Au fur et à mesure que nous avançons, nous constatons que *l'Ange de l'Éternel* est *HaShem* tout en étant distinct de

HaShem, car Il est une pluralité dans l'unité. Pour être exact, Il (*l'Ange de l'Éternel*) est la deuxième personne de l'unité plurielle d'*Elokim*.

Poursuivons en examinant Genèse 22 en relation avec père Abraham. Premièrement, dans Genèse 12 v.7 et 17 v.1, *HaShem* apparaît à Abraham et le terme *apparaît* a un sens physique. La preuve d'une apparition physique est donnée dans Genèse 17 v.22 ; lorsque l'*Éternel* et Abraham ont fini de parler, le texte déclare que *Dieu [Elokim] monta d'auprès d'Abraham*, ou en d'autres termes que *Elokim* s'éleva de la présence d'Abraham.

Genèse 22... L'Ange de HaShem

Regardons maintenant des passages de Genèse 22 alors que nous identifions qui met Abraham à l'épreuve :

> [1] *Et il arriva, après ces choses, que **Dieu** [Elokim] éprouva Abraham, et lui dit, Abraham ! Et il dit, Me voici.*
>
> [2] *Et Dieu dit, Prends ton fils, ton unique, celui que tu aimes, Isaac, et va-t'en au pays de Morija, et là offre-le en holocauste, sur une des montagnes que je te dirai.*
>
> [10] *Et Abraham étendit sa main et prit le couteau pour égorger son fils.*
>
> [11,] *Mais **l'Ange de l'Éternel lui cria** des cieux, et dit, Abraham ! Abraham ! Et il dit, Me voici.*
>
> [12] *Et il dit, N'étends pas ta main sur l'enfant, et ne lui fais rien ; **car maintenant je sais que tu crains Dieu** [Elokim], et que tu ne **m'as pas refusé ton fils, ton unique**.*

*¹⁵ Et l'**Ange de l'Éternel** cria des cieux à Abraham, une seconde fois.*

*¹⁶ Et dit, **j'ai juré par moi-même, dit l'Éternel** [HaShem], Parce que tu as fait cette chose-là, et que tu n'as pas refusé ton fils, ton unique.*

*¹⁷Certainement **je te bénirai**, et **je multiplierai abondamment ta semence comme les étoiles des cieux** et **comme le sable qui est sur le bord de la mer** ; et ta semence possédera la porte de ses ennemis.*

*¹⁸ Et toutes les nations de la terre se béniront en ta semence, parce que tu as **écouté ma voix***

Dans Genèse 22, Elokim met Abraham à l'épreuve en lui demandant d'offrir son fils unique (*yachid*) Isaac. Abraham se soumet, et puis au verset 11, l'*Ange de l'Éternel* lui crie des cieux et dit *maintenant je sais que tu crains Elokim, et que tu ne m'as pas refusé ton fils, ton unique* et c'est *l'Ange de l'Éternel* qui parle comme *HaShem* Lui-même. Puis du verset 15 au verset 16, c'est l'*Ange de l'Éternel* qui fait un serment et une promesse à Abraham parce qu'il a obéi à Sa voix. Il ne peut s'agir d'un être créé, mais ce doit être *HaShem* Lui-même. *HaShem, Elokim*, en tant que l'*Ange de l'Éternel* teste la foi qu'Abraham a en Lui afin de voir s'il va obéir à Son commandement. Puis Il dit *J'ai juré par moi-même* et répète les promesses qu'Il a faites dans Genèse 15 v.5. L'*Ange de l'Éternel* est distinct et cependant égal à l'*Éternel*, *HaShem*, parce qu'Il est une pluralité dans l'unité, la deuxième personne de l'unité plurielle d'*Elokim*.

Exode 23 v.20-23... L'Ange

Exode 23 v.20-23 est un autre passage significatif, où l'*Éternel* ou *HaShem* combine le pluriel *Elokim* avec le singulier l'*Éternel*. Il termine Ses instructions à Moïse commencées dans Exode 20 v.1 en donnant la loi de Moïse qui inclut les dix commandements. À noter comment *Elokim* débute en Exode 20 v.1-2 :

> *¹ Et* **Dieu** [***Elokim***] *prononça toutes ces paroles, disant,*
>
> *² Je suis l'Éternel* [*HaShem*]*, ton* **Dieu** [***Elokim***]*, qui t'ai fait sortir du pays d'Égypte.*

À noter comment D.ieu associe l'aspect pluriel [*Elokim*] à l'aspect singulier [*Éternel*] de Sa personne. D.ieu fait cela 930 fois dans le *Tanakh*. Il faut aussi souligner que *l'ange de l'Éternel* prononce les mêmes paroles dans Juges 2 v.1, qui sera cité sous peu.

Selon Exode 23 v.20-23 :

> *²⁰ Voici, j'envoie* **un ange** *devant toi, pour te garder dans le chemin, et pour t'amener au lieu que j'ai préparé.*
>
> ²¹ **Prends garde à toi à cause de sa présence**, *et* **écoute sa voix ; ne l'irrite pas** *; car* **il ne pardonnera point votre transgression,** *car* **mon nom est en lui.**
>
> *²² Mais si tu écoutes attentivement* **sa voix***, et si tu fais tout ce que* **je dirai***,* **je serai** *l'ennemi de tes ennemis et l'adversaire de tes adversaires.*
>
> ²³ **Car mon Ange** *ira devant toi, et t'amènera vers l'Amoréen, et le Héthien, et le Phérézien, et le Cananéen, le Hévien, et le Jébusien, et je les exterminerai.*

Cet ange a la capacité de pardonner les péchés et le Nom même de *HaShem* est sur Lui. Les rabbins d'autrefois ont eu du mal à résoudre ce problème en raison de la distinction claire qui est faite entre *HaShem* et l'*ange*. Cet ange [Messager] a les attributs de *HaShem* que seul *Elokim* peut avoir ; ceux de pardonner les péchés et de posséder le Nom de HaShem en Lui. Ils L'appellent *Metatron* et font référence à Lui comme étant l'Ange de la face de *HaShem* mentionné dans Ésaïe 63 v.9.

Les rabbins ont vu clairement la présentation de la pluralité dans l'unité [*echad*] d'*Elokim*, mais ils l'ont rejetée en raison de leur conception d'une unité absolue [*yachid*] d'*Elokim*.

Josué 5 v.13-15... Le chef de l'armée de l'Éternel

Dans la théophanie suivante, on a le cas de Josué qui rencontre ce qu'il pense être un homme de guerre alors qu'il a entrepris la reconnaissance de Jéricho. Dans Josué 5, aux versets 13 à 15, il découvre rapidement qui est cette personne :

> *¹³ Et il arriva, comme Josué était près de Jéricho, qu'il leva ses yeux et vit ; et voici,* **un homme** *se tenait debout devant lui, son épée nue dans sa main ; et Josué alla vers lui et lui dit, Es-tu pour nous, ou pour nos ennemis ?*
>
> *¹⁴ Et il dit, Non, car c'est comme* **chef de l'armée de l'Éternel** *que je suis venu maintenant. Et* **Josué tomba sur sa face** *contre terre, et lui* **rendit hommage**, *et lui dit, Qu'est-ce que mon Seigneur dit à son serviteur ?*
>
> *¹⁵ Et le chef de l'armée de l'Éternel dit à Josué,* **Ote ta sandale de ton pied, car le lieu sur lequel tu te tiens est saint**. *Et Josué fit ainsi.* [Texte renforcé par l'auteur].

À remarquer la réponse de Josué lorsque le chef de l'armée de l'*Éternel* s'identifie ; il tombe sur sa face et Lui rend hommage (L'adore). Adorer un homme comme on adore D.ieu est de l'idolâtrie, mais ce chef militaire apparaît comme un homme ; Il parle pourtant en tant que *HaShem*, car il dit ensuite à Josué d'enlever ses souliers parce qu'il est sur un lieu saint. Tout comme avec Moïse (Exode 3 v.2-7) on est en présence d'un messager de l'Éternel qui reçoit l'adoration que seul *Elokim*, et l'*Éternel* ou *HaShem* peut recevoir. À nouveau, il est fait référence directement à la pluralité de *HaShem Elokim*, **deux des noms principaux de D.ieu** ; cependant, Il est un (*echad*).

Une question intéressante se pose : Si *HaShem Elokim* apparaît sous une forme humaine à Abraham, Moïse et maintenant Josué, est-il théologiquement exclu de croire que D.ieu puisse venir en tant qu'homme et demeurer parmi nous en tant qu'incarnation de D.ieu par Jésus ? Moïse dans Genèse 3 v.15 et les Prophètes dans Ésaïe 9 v.6-7 [5-6], Jérémie 23 v.5-8, et Daniel 9 v.24-27 écrivent que *HaShem Elokim* viendra en chair et demeurera parmi nous.

Juges 2 v.1... L'Ange de HaShem

Voici une autre théophanie qui montre la pluralité de *Elokim* dans l'unité (*echad*) et cependant Lui, l'Ange de l'Éternel, parle dans Juges 2 v.1 en tant que *HaShem* à Israël :

> *Et l'Ange de l'Éternel monta de Guilgal à Bokim ; et il dit,* **Je vous ai fait** *monter d'Égypte, et* **je vous ai introduits dans le pays** *que* **j'avais promis par serment à vos pères,** *et j'ai dit,* **Je ne romprai jamais mon alliance avec vous.**

Dans ce passage, *l'Ange de l'Éternel* s'adresse à Israël après les victoires remportées par Josué lors de l'entrée dans le Pays. Les territoires ont été attribués aux différentes tribus qui se sont rassemblées pour entendre *l'Ange de l'Éternel* leur parler. À noter qu'Il déclare avoir fait sortir Israël d'Égypte pour le conduire dans la Terre qu'Il a *promise à ses pères par serment.* Qui est-*Il* ? Il est celui qui parle au début du verset 1. Qui est-ce qui parle ? *L'Ange de l'Éternel.*

Tout d'abord, *Il* amena Israël du point A (l'Égypte) au point B (la Terre promise) qu'*Il* a promise par serment aux pères d'Israël. *L'Ange de l'Éternel* fait référence à l'alliance abrahamique, en particulier à Genèse 15. Qui a fait l'alliance avec Abraham ? L'*Éternel* ! Pourtant, si vous revenez à la lecture de Genèse 15, vous trouvez des informations sur l'identité de *HaShem*. Tout d'abord, dans Genèse 15, aux versets 1 et 4, il est appelé *la parole de l'Éternel* qui est venu s'adresser à Abraham et qui a établi ou confirmé l'alliance en marchant entre les animaux sacrifiés. *Il* est la *Shechinah,* la présence même de *HaShem* qui est aussi nommée la *Parole* qui a établi l'alliance.[21] Abraham n'a pas été invité à être acteur dans l'établissement de l'alliance. La *Parole*, *HaShem* (ainsi que la *Shechinah*), a fait l'alliance et a juré par Lui-même qu'Il allait l'accomplir. C'est ce à quoi *l'Ange de l'Éternel* fait référence dans Juges 2 v.1.

En outre, l'*Ange de l'Éternel* est le même *Ange* que celui dont parle Moïse dans Exode 23 v.20-23 et 33 v.1.2. *Il* est celui qui peut pardonner les transgressions d'Israël et qui porte en Lui le nom même de l'Éternel qui appartient à *HaShem* seul.

On voit que l'*Ange de l'Éternel* est associé à *la parole de l'Éternel* qui s'est adressée à Abraham. Dans I Samuel 3 v.21, il est dit que Samuel le prophète connaissait *HaShem* par *la parole de l'Éternel* qui Le révélait et qui s'adressait à lui. Au Psaume 33 v.6, le psalmiste comprend

---

[21] Voir le Nouveau Testament, Évangile selon Jean 1 v.1-3, Apocalypse 19 v.11-14.

aussi que *la parole de l'Éternel* est une personne lorsqu'il déclare :

> *Les cieux ont été faits par la parole de l'Éternel, et toute leur armée par l'esprit de sa bouche.*

Il est à noter que le Créateur de Genèse 1 parle par la parole de l'Éternel lorsqu'Il crée par le souffle de Sa bouche. *La parole de l'Éternel* est une personne ; à nouveau, il s'agit de la deuxième personne de *Elokim*. Les versets de 3, 6, 9, 11, 14, 20, 24 et 26 de Genèse 1 pris ensemble affirment clairement qu'Il a parlé et que tout a été créé par Lui en six jours de 24 heures chacun.[22] Même Élie, le prophète, connaissait *la parole de l'Éternel*, car il s'est entretenu avec lui dans I Rois 19 v.9-18. Ici, *la parole de l'Éternel* qui s'adressa à Élie est identifiée à l'*Éternel* ou *HaShem*.

Exode 14 v.15-28... La Shechinah, colonne de nuée et colonne de feu

La gloire *Shechinah*, la présence même de l'*Éternel* ou de *HaShem*, se reconnaît par trois caractéristiques : la nuée, la fumée et le feu. La *Shechinah* est aussi liée à l'Ange de l'Éternel qui parle et agit en tant que *HaShem* en protégeant Israël, en bénissant Israël et aussi en jugeant Israël lorsqu'il pèche contre Lui. En étudiant attentivement les passages cités dans ce chapitre concernant les théophanies de *Elokim*, il apparaît clairement que la présence même de *HaShem* en tant que *Shechinah* montre la pluralité de *HaShem*. La Parole de D.ieu révèle qu'Il (*HaShem*) est associé à l'*Ange de l'Éternel* et *Elokim*.

---

[22] Voir le Nouveau Testament, Évangile selon Jean 1 v.1-3, 10 ; et l'épître aux Colossiens 1 v.15-18 ; 2 v. : 9.

Dans Exode 14, l'armée égyptienne attaque Israël alors que le peuple fait face à la mer Rouge. Au verset 15, *HaShem* s'adresse à Moïse ; au verset 19, *l'Ange de Dieu* [*Elokim*] qui est associé à la *Shechinah*, marque de la présence de *HaShem*, part pour aller se placer derrière eux afin de mettre une séparation entre Israël et les Égyptiens. La nuée devient ténèbres du côté des Égyptiens et lumière du côté d'Israël. Puis au verset 24, en rapport avec la même nuée associée à *L'Ange de Dieu* et à la présence de la *Shechinah*, le texte indique :

> *Et il arriva, sur la veille du matin, que l'**Éternel**,* **dans la colonne de feu** *et de nuée, regarda l'armée des Égyptiens, et mit en désordre l'armée des Égyptiens.*

À nouveau, l'*Éternel* ou *HaShem*, l'*Ange de Dieu*, qui dans ce cas est la présence de la *Shechinah* de *HaShem*, sont utilisés de manière interchangeable dans le texte. *L'Ange de Dieu* dans le texte est rendu égal à *HaShem*, montrant une fois de plus que la deuxième personne de l'unité plurielle de *Elohim* est un [*echad*] avec l'*Éternel*.

L'Ange de l'Éternel et la gloire *Shechinah* de *l'Éternel* sont présentés ensemble comme étant égaux et pourtant distincts de *HaShem*. Les points suivants sont à souligner :

- La gloire *Shechinah* de Genèse 15 v.17 et la Parole de l'*Éternel* sont associées dans Genèse 15 v.1 et 4 à *l'Ange de l'Éternel* dans Juges 2 v.1.

- La gloire *Shechinah*, *Elokim* et l'*Éternel* sont associés dans Exode 3.

- Dans Exode 20-23 tout comme dans Exode 32, l'*Éternel* ou *HaShem* apparaît comme la gloire *Shechinah* au moment où la Loi est donnée et comme l'ange [Messager] avec le Nom de D.ieu en Lui.

- La gloire *Shechinah* apparaît à la tente de la rencontre dans le désert dans Exode 33 v.7-11 et des instructions sont données à Moïse depuis la nuée dans Exode 24 v.15-18.

- C'est la gloire *Shechinah* qui remplit le Tabernacle dans Exode 40 v.34-35.

- C'est la gloire *Shechinah* qui juge Nadab et Abihu dans Lévitique 9 v.23-10 v.2 pour avoir présenté un feu étranger devant *HaShem*.

- C'est la gloire *Shechinah* qui se tient avec Aaron et Miriam à la porte du Tabernacle dans Nombres 12 v.5 et qui juge Miriam.

Tous ces passages montrent que l'Éternel est un, mais qu'Il est aussi une pluralité de personnes, chacune fonctionnant dans l'unité [*echad*]. La gloire *Shechinah* et l'*Ange de l'Éternel* sont des apparitions visibles de la deuxième personne de *Élohim* devant l'humanité.

En examinant les noms de D.ieu, deux points principaux peuvent être soulignés. Premièrement, D.ieu utilise des mots au pluriel et au singulier pour Se décrire. Deuxièmement, l'*Ange de l'Éternel* agit comme une personne distincte du Père, et pourtant ils sont un [*echad*].

Chapitre Cinq : Descriptions au pluriel

Dès le chapitre 3, on a pu voir comment *Elokim* s'est identifié en utilisant un nom pluriel avec un verbe singulier pour démontrer Sa pluralité dans l'unité [*echad*], *Elokim*. Il y a quatre exceptions à ce modèle utilisé par *Elokim* pour S'identifier à Son peuple, et elles sont commentées ci-dessous.

Verbes au pluriel

Dans ces quatre exceptions, le *Elokim* d'Abraham, de Jacob, de David et du Psalmiste fait appel à un verbe au pluriel avec le nom *Elokim* au pluriel. Alors que cette forme grammaticale est la forme correcte, *Elokim* choisit systématiquement d'utiliser le verbe au singulier pour exprimer Sa présence à Israël. Ainsi l'utilisation du nom pluriel et du verbe singulier doit attirer notre attention sur ce qu'Il dit. Lorsqu'Il utilise le nom pluriel avec le verbe pluriel, cela doit aussi nous rendre attentifs, car ce n'est pas Son usage habituel. Examinons les références où cela se produit dans le contexte d'Abraham et du roi Abimélec dans Genèse 20 v.13 :

> *Et il est arrivé, lorsque Dieu m'a fait errer loin de la maison de mon père, que je lui ai dit* [Sarah], *Voici la grâce que tu me feras, Dans tous les lieux où nous arriverons, dis de moi, Il est mon frère.*

Les traductions anglaises (et françaises) ne rendent pas ce que le texte hébreu dit. En hébreu, il est dit littéralement : « *Dieu [Elokim],* **ils** *m'ont fait errer...* » Abraham fait référence à *Elokim* au pluriel et non pas au singulier. L'utilisation suivante apparaît dans Genèse 35 v.7 en relation avec Jacob :

> *Et il bâtit là un autel, et il appela le lieu El-Béthel ; car c'est là que Dieu s'était révélé à lui comme il s'enfuyait de devant la face de son frère.* (Traduction Darby)

À nouveau si on se conforme à ce que dit le texte hébreu, Jacob dit : « ... *Dieu [Elokim]* s'est révélé **eux-mêmes**... » Ainsi Abraham et Jacob se réfèrent tous deux à *Elokim* au pluriel. Ensuite vient David, adorant l'Éternel D.ieu [*HaShem Elokim*] pour ce qui vient de lui être révélé par le prophète Nathan concernant l'alliance davidique dans II Samuel 7 v.23 :

> *Et qui est comme ton peuple, comme Israël, seule nation sur la terre que Dieu soit allé racheter, afin qu'elle lui soit un peuple...*

De même, lorsque cette louange du psalmiste est traduite littéralement, le pluriel est utilisé, car il est dit : « *que Dieu [Elokim] ils ont racheté pour* **eux-mêmes**... » Ces versets montrent de manière unique la pluralité de Elokim faite par Abraham, Jacob et maintenant David le Psalmiste. Le D.ieu de la création est montré comme une pluralité dans l'unité, pluriel et pourtant un [*echad*], tout comme l'indique la Genèse 1 v.1 et 26. Un dernier verset tiré du Psaume 58 dont l'auteur inconnu écrit au verset 11[12] :

> *Et l'homme dira, Certainement il y a un fruit pour le juste, certainement il y a un Dieu qui juge sur la terre.*

Si le passage est traduit mot à mot, l'auteur dit que *Dieu* [*Elokim*] **ils** *jugent sur terre.*

Ce n'est qu'en acceptant ces formes plurielles ainsi que la façon dont *Elokim*, l'*Éternel* [*HaShem*], *l'Ange de l'Éternel* et *le chef de l'armée de l'Éternel* se sont présentés à Israël à travers les siècles que nous pouvons demeurer fidèles à la Parole de *HaShem*. Pourtant, dans le judaïsme rabbinique, il est demandé aux Juifs d'étudier la *Mishna* et le *Talmud* plutôt que la parole de *HaShem*.

Descriptions au pluriel

Pourtant, ce qui a été commenté jusqu'à présent n'est pas exhaustif, car il existe d'autres descriptions plurielles du D.ieu d'Israël dans Sa Parole. Au Psaume 149 v.2a on lit :

Qu'Israël se réjouisse en son créateur (Bible Segond 21).

En hébreu, le mot créateur est au pluriel, et littéralement, on lit, *qu'Israël se réjouisse en **ses** créateurs*. Il s'agit d'une réaffirmation dans le prolongement de Genèse 1 lorsque *Elokim* a créé l'univers et la terre comme une unité [*echad*] *Elokim*, mais au pluriel. Un autre verset intéressant vient de Salomon dans Ecclésiaste 12 v.1, qui déclare :

Et souviens-toi de ton Créateur dans les jours de ta jeunesse...

Ici, le pluriel se rapporte à nouveau à *Elokim* qui a créé l'humanité. Le mot Créateur en hébreu est également au pluriel alors qu'il est dit littéralement *souviens-toi maintenant de tes Créateur**s** aux jours de ta jeunesse*, ce qui correspond encore une fois à la pluralité que D.ieu affiche de Lui-même dans Genèse 1 et dans les nombreux autres passages que nous avons examinés.

La façon dont sont présentées la nature et l'essence de *HaShem* d'Israël au travers du livre d'Ésaïe est à couper le souffle. Le passage d'Ésaïe 48 v.12-13, 16 sur la personne de *HaShem* est absolument stupéfiant alors qu'Il s'adresse à Israël :

> *¹²Écoute-moi,* **Jacob, et toi, Israël, que j'ai appelé**. *Moi,* **je suis** *le Même, moi,* **le premier**, *et moi,* **le dernier**.
>
> *¹³***Ma main aussi a fondé** *la terre, et* **ma droite a étendu** *les cieux ; moi je les appelle, ils se tiennent là ensemble.*
>
> *¹⁶Approchez-vous de moi, écoutez ceci, Je n'ai pas parlé en secret dès le commencement ; dès le temps où cela a existé, je suis là ;* **et maintenant le Seigneur l'Éternel m'a envoyé, et son Esprit**. [Passages soulignés par l'auteur].

À la lecture du passage, c'est *HaShem* qui dit à Israël, Je t'ai appelé ; Je t'ai appelé en Abraham et je t'ai mis à part pour être mon peuple. Il poursuit en soulignant Son éternité, affirmant qu'Il est *le premier* et *le dernier*, qu'Il est éternellement présent. C'est ce qu'Il dit à Moïse dans Exode 3 v.14 : « ***JE SUIS CELUI QUI JE SUIS*** ». Si l'on revient à ce passage, c'est *l'Ange de l'Éternel* qui parle à Moïse depuis le buisson ardent, et Il utilise indifféremment les mots *Elokim* et l'Éternel [*HaShem*] pour se révéler à Moïse. Moïse se prosterne et enlève ses souliers, le lieu étant saint, car la gloire *Shechinah* de *Elokim* est présente. Puis, au verset 13 de Ésaïe 48, Il déclare également qu'il est le *Créateur*. Ensuite, si on lit et considère soigneusement Ses paroles au verset 16 : *et maintenant le Seigneur l'Éternel m'a envoyé, et son Esprit.* Dans le contexte, qui a été envoyé (*m'a*) ? C'est celui qui s'adresse à Israël dans les versets 12 à 16. C'est celui qui a appelé Israël et Jacob ; Il est le D.ieu éternel et présent qui est le *Créateur* de l'univers. Celui-ci est l'Envoyé au verset 16, mais qui l'envoie : le Seigneur l'Éternel et son Esprit. Ici, dans le *Tanakh*, Ésaïe fait référence à la pluralité de *HaShem* en tant que triunité. Selon ma propre expression : *Hakadosh Shilush-Echad* [les Trois Saints en Un], ce qui signifie que le D.ieu unique d'Israël est révélé dans les Écritures hébraïques comme une unité plurielle en un seul. Celui qui est envoyé l'est par le Seigneur l'Éternel et Son Esprit. Quand a-t-Il été envoyé ? Nous le verrons plus loin alors que nous poursuivons l'étude. Selon Genèse 1 v.26, nous voyons que **Elokim** le Créateur est pluriel, un pluriel dans l'unité, et si nous étudions attentivement la personne de *Elokim* qui se rend constamment visible en révélant le Père à Son peuple, il est clair qu'il s'agit de l'Envoyé de Ésaïe 48 v.12-16.[23]

Dans le passage suivant, Ésaïe présente une image étonnante à ses lecteurs. En fait, du point de vue du judaïsme rabbinique, il s'agit d'une impossibilité. Cela ne peut pas se produire, ni même se concevoir. Regardons l'étonnante déclaration d'Ésaïe dans Ésaïe 50 v.1, 4-6 :

*[1] Ainsi dit l'**Éternel**...*

*[4] Le **Seigneur** l'**Éternel** m'a donné la langue des savants, pour que je sache soutenir par une parole celui qui est las. Il me réveille chaque matin, il réveille mon oreille pour que j'écoute comme ceux qu'on enseigne.*

---

[23] Pour l'identité de Celui qui a été envoyé, voir les passages qui suivent dans l'Évangile selon Jean du Nouveau Testament : 3 v.17, 34 ; 4 v.34 ; 5 v.23-24, 30, 36-38 ; 6 v.29, 38-40, 44, 57 ; 7 v.16, 18, 28-29, 33 ; 8 v.16, 18, 26, 29, 42 ; 9 v.4 ; 10 v.36 ; 11 v.42 ; 12 v.44-45, 49 ; 13 v.16, 20 ; 14 v.24 ; 15 v.21 ; 16 v.5 ; 17 v.3, 8, 18, 21, 23, 25 ; 20 v.21.

> *⁵ Le Seigneur l'Éternel m'a ouvert l'oreille, et* **moi je** *n'ai pas été rebelle, je ne me suis pas retiré en arrière.*
> *⁶J'ai donné* **mon** *dos à ceux qui frappaient, et* **mes** *joues à ceux qui arrachaient le poil ;* **je** *n'ai pas caché* **ma** *face à l'opprobre et aux crachats.*

Tout d'abord, le verset 1 permet d'identifier l'interlocuteur, qui est l'Éternel ou *HaShem*. En suivant le « Je » au travers des versets 1 à 3, on remarque qu'il n'y a pas de changement dans celui qui parle, car le pronom Je se référant à lui est utilisé à de nombreuses reprises. Puis, au verset 4, il est dit, *Le Seigneur l'Éternel m'a donné*. À nouveau, qui est le *moi* ? [À ce stade, l'orateur change de pronom, passant du je au moi]. Le moi est l'orateur du verset 1, *HaShem*. Qui est alors le Seigneur D.ieu du verset 4 qui donne quelque chose à *HaShem* ? C'est un autre exemple de la pluralité de *Elokim*, mais cette fois, c'est l'Éternel, *HaShem*, qui parle et se réfère au **Seigneur l'Éternel**. Deux personnes sont présentes ici : l'Éternel [*HaShem*] et le **Seigneur l'Éternel**, qui est D.ieu le Père, la première personne de la pluralité de D.ieu. Nous voyons que le Seigneur l'Éternel réveille *HaShem* afin qu'Il soit formé en tant que disciple. Soit dit en passant, depuis quand *HaShem* a-t-Il besoin d'apprendre quoi que ce soit ? Depuis quand *HaShem* dort-Il au point d'avoir besoin d'être réveillé ? Le verset 5 indique que *HaShem* n'a pas été rebelle. Puis, une déclaration incroyable est faite concernant *HaShem* au verset 6. Citons à nouveau le verset afin d'examiner les pronoms personnels qui renvoient à l'orateur du verset 1, *HaShem* :

> **J**'*ai donné* **mon** *dos à ceux qui frappaient, et* **mes** *joues à ceux qui arrachaient le poil ;* **je** *n'ai pas caché* **ma** *face à l'opprobre et aux crachats.*

Ici, *HaShem* dit qu'il offre (un acte volontaire) Son dos à ceux qui Le frappent, ainsi que Son visage à ceux qui veulent Lui arracher la barbe. Il ne détourne pas le visage face à ceux qui Lui crachent dessus, L'exposant à la honte. *HaShem* a-t-il un dos, des joues et une barbe ? Bien sûr que non, car il est Esprit et non humain. Comment cela peut-il se produire, à moins que, dans l'avenir prophétique, *HaShem* ne devienne un homme ? C'est impensable, et pourtant c'est exactement ce que *HaShem* dit de Lui-même : Il s'est fait homme ! Ce n'est pas un homme qui devient D.ieu, mais D.ieu qui devient homme. Ces outrages dont *HaShem* dit qu'ils sont commis contre Lui ne peuvent lui arriver que s'Il devient un être humain.[24] *HaShem* est-Il venu en chair pour habiter parmi nous ?[25] C'est ce que dit l'Éternel par la plume d'Ésaïe. Quand cela s'est-il produit ? Par la naissance virginale du Messie (Ésaïe 7 v.14) et quand *HaShem* donne Son fils (Ésaïe 9 v.6-7 [5-6]).[26]

Suivons le prophète Ésaïe alors qu'il maintient l'utilisation de descriptions au pluriel de *HaShem*. Dans Ésaïe 54 v.5, il déclare :

> *Car celui qui* **t'a fait [NdT : créateur]** *est ton* **mari** *; son nom est l'Éternel des armées, et ton rédempteur, le Saint d'Israël, il sera appelé Dieu de toute la terre.*

Ésaïe continue à dire des choses difficiles à assimiler. Deux points sont à souligner dans ce verset : tout d'abord, les mots créateur et mari sont des adjectifs au pluriel en hébreu. En quoi cela influence-t-il le sens du texte ? On pourrait le

---

[24] Dans le Nouveau Testament, voir l'Évangile selon Matthieu 26 v.67 ; 27 v.26, 30 et l'Évangile selon Jean 18 v.22 ; 19 v.2-3.

[25] Dans le Nouveau Testament, voir l'Évangile selon Jean 1 v.14.

[26] Dans le Nouveau Testament, voir l'Évangile selon Matthieu 1 v.1-25 et l'Évangile selon Luc 1 v.26-35.

traduire littéralement par « Vos *créateurs* sont vos *maris* ». Ésaïe perpétue la pluralité de *Elokim* depuis Genèse 1, alors que l'Écriture ajoute passage après passage pour révéler Sa pluralité dans l'unité [*echad*]. Israël est l'épouse de *HaShem*, le mari d'Israël, qui a divorcé d'elle à cause de ses péchés contre Lui en adorant d'autres dieux. Osée et Jérémie parlent de ce divorce (Osée 1 v.9 ; Jérémie 3 v.18), mais dans l'avenir il y aura remariage avec union et harmonie complètes entre Israël et *HaShem* (Jérémie 31 v.31-37).

Le deuxième point est qu'il est fait mention de deux personnes dans Ésaïe 54 v.5, l'une étant *l'Éternel des armées*, et la deuxième, *ton rédempteur, le Saint d'Israël*. Ce verset contient un condensé d'éléments spirituels à assimiler.

Un autre passage d'Ésaïe est tiré d'un passage sur le Serviteur de l'*Éternel*, dans Ésaïe 61 v.1-2a, qui déclare :

> *¹L'Esprit du Seigneur, l'Éternel, est sur* **moi**, *parce que l'Éternel* **m'a oint** *pour apporter de bonnes nouvelles aux débonnaires, il* **m'a envoyé** *pour panser ceux qui ont le cœur brisé, pour proclamer aux captifs la liberté, et aux prisonniers l'ouverture de la prison,*
>
> *² pour proclamer l'année de la faveur de l'Éternel...*[27]

Les sages identifient clairement ce passage parlant du Serviteur de l'Éternel comme étant un passage messianique du *Tanakh*. Le Serviteur de l'Éternel déclare ouvertement que l'Esprit de l'Éternel est sur Lui, le Messie, et qu'Il est oint et envoyé pour accomplir une tâche. Il est l'envoyé du Seigneur l'Éternel dont il est fait référence dans Ésaïe 48 v.16. Ésaïe 50 déclare que l'Éternel permet qu'Il

---

[27] Dans le Nouveau Testament, voir l'Évangile selon Luc 4 v.16-21.

soit agressé et que cet acte a lieu alors qu'Il est dans un corps de chair. Le principe selon lequel l'Écriture interprète l'Écriture permet de comprendre l'Écriture. Le problème vient du fait que les rabbins, les prêtres et les prédicateurs ont souvent essayé d'interpréter un passage sur la base de leurs préjugés, au lieu de l'interpréter tel qu'il a été donné par *HaShem* Lui-même.

Comme dernier passage, examinons Ésaïe 63 v.7-14, dans lequel l'Éternel rend compte de la pluralité de *HaShem* :

*⁷ Je rappellerai les bontés de l'**Éternel**, les louanges de l'**Éternel**, selon tout ce dont l'**Éternel** **nous a comblés**, et les grands bienfaits envers la maison d'Israël, dont il l'a comblée selon ses compassions et selon la multitude de ses bontés.*

⁸ Et il [l'Éternel] dit, Certainement ils sont mon peuple, des fils qui ne mentiront pas ; et il est devenu leur sauveur.

⁹ Dans toutes leurs détresses, il a été en détresse, et **l'Ange de sa face les a sauvés** *; dans son amour et dans sa miséricorde il les a rachetés, et il s'est chargé d'eux, et il les a portés tous les jours d'autrefois ;*

¹⁰ **mais ils se rebellèrent et contristèrent l'Esprit de sa sainteté**, *et il se changea pour eux en ennemi ; lui-même, il combattit contre eux.*

¹¹ Mais il se souvint des jours d'autrefois, de Moïse, de son peuple, Où est celui qui les fit monter de la mer, avec les bergers de son troupeau ? Où est celui qui mit **l'Esprit de sa sainteté** *au dedans de lui,*

¹² son bras magnifique les faisant marcher par la droite de Moïse ; qui fendit les eaux devant eux pour se faire un nom à toujours,

> *¹³ qui les a fait marcher par les abîmes, comme un cheval dans le désert ? Ils ne bronchaient pas.*
>
> *¹⁴ Comme une bête descend dans la vallée,* **l'Esprit de l'*Éternel*** *leur donna du repos. Ainsi tu as conduit ton peuple, pour te faire un nom magnifique.*

Dans ce passage, trois personnes sont présentées comme ne faisant qu'une seule [*echad*]. Il y a (1) l'Éternel ou *HaShem*, (2) **l'Ange de sa face** et (3) **l'Esprit de sa sainteté** qui a été attristé. Si l'Esprit est une force ou une puissance, comment peut-on l'attrister à moins que cette force ou puissance ne soit une personne ? Le judaïsme rabbinique enseigne au travers de l'histoire que l'Éternel est un être absolu (*yachid*), mais il existe trop de passages qui contredisent cette affirmation irréfutable. *HaShem* s'est toujours présenté comme un [*echad*], une unité au pluriel. Le chapitre qui suit traite de la déclaration que tous les Juifs connaissent très bien, le *Sh'ma*.

Les passages présentés jusqu'à présent affirment l'un après l'autre l'unité pluriel de *HaShem Elokim* dans le *Tanakh* ; cette position sera maintenue tout au long de cet ouvrage. De nombreux Juifs sont aujourd'hui athées, agnostiques ou complètement laïcs dans leur vision du monde. Dans le calme de la nuit, se demandent-ils parfois : « Où est notre D.ieu ? Est-il réel ou n'est-ce que de la mythologie ? » La seule façon de le savoir est d'étudier et de sonder par soi-même la Bible hébraïque afin de découvrir l'étendue de la fidélité du D.ieu de vos pères Abraham, Isaac et Jacob. Comprenez qu'Il vous aime profondément. Son but n'est pas de s'éclipser de Son peuple, mais Il a été rejeté et éconduit par ceux-là mêmes qu'Il a fait naître en tant que nation. Découvrez par vous-même, dans Sa Parole, pourquoi Lui, D.ieu, est éclipsé du peuple qui est la prunelle de Ses yeux (Zacharie 2 v.8) et de ceux qu'Il a [en]*gravés* sur Ses mains (Ésaïe 49 v.16).

Chapitre Six :
Le Sh'ma

Une question d'amour sincère

Ce passage est abordé avec beaucoup de respect et de crainte envers le Saint d'Israël. Le *Sh'ma* de Deutéronome 6 v. 4-9 réunit trois points fondamentaux :

- L'unité de l'Éternel — v. 4
- La réponse de notre cœur à l'Éternel — v. 5
- La façon dont nous devons élever nos enfants — v. 6-9

Nous nous concentrerons sur les versets 4 et 5. Avant de passer au verset 4, ce verset bien connu du peuple juif que l'on trouve dans la *Torah* (les cinq livres de Moïse), regardons le verset 5 qui, s'il n'est pas respecté, rend le reste du *Sh'ma* incongru :

> *Et tu aimeras l'Éternel, ton Dieu, de tout ton cœur, et de toute ton âme, et de toute ta force.*

À noter que le *Sh'ma* est essentiellement une affaire de cœur. La première importance est accordée au cœur parce que le cœur est clairement désigné dans les Écritures comme le centre de notre être ; l'âme et la force sont les réponses du cœur. Selon Exode 24 : 3-4, Israël s'est engagé — son cœur — dans tout ce que Moïse a écrit :

> *³Et Moïse vint, et raconta au peuple toutes les paroles de l'Éternel, et toutes les ordonnances. Et tout le peuple répondit d'une seule [echad] voix, et*

> *dit, Toutes les paroles que l'Éternel a dites, nous les ferons. ⁴Et Moïse écrivit toutes les paroles de l'Éternel...*

Ce jour-là, le peuple juif s'est engagé à observer la Loi écrite de l'Éternel telle qu'elle lui a été présentée par Moïse. Le *Sh'ma* met l'accent sur l'engagement du *cœur*, de l'*esprit*, de l'âme et de la *force* dans ce qui est fait. Le *Tanakh* relate l'histoire mouvementée des manquements d'Israël à l'égard de l'unique et véritable D.ieu et de ses périodes de désobéissance. Le *Tanakh* rapporte également les nombreuses fois où *HaShem* l'a délivré, ainsi que les jugements qu'il a subis à cause de son cou raide (ne s'inclinant pas devant D.ieu : Exode 32 v.9 ; 33 v.3, 5 ; 34 v.9) et de son cœur dur (ne répondant pas à *HaShem* : I Rois 17 v.14 ; Néhémie 9 v.16-17, 29 ; Psaume 95 v.8-11 ; Jérémie 7 v.26 ; 19 v.15). La captivité assyrienne est le jugement de D.ieu sur les 10 tribus d'Israël du Nord qui ont corrompu le vrai culte de D.ieu par l'idolâtrie et les images, comme le veau d'or. Ils ont ensuite aggravé leur péché en adorant Baal, comme l'indiquent I et II Rois, qui décrivent la bataille spirituelle entre le méchant roi Achab et le prophète Élie. Le prophète Osée décrit également leur adultère spirituel, tandis que le prophète Amos parle des violations flagrantes par Israël de La Loi écrite de Moïse. La captivité babylonienne est le jugement de D.ieu sur le royaume de Juda, ou royaume du Sud, pour avoir corrompu le véritable culte de D.ieu par une simple observance religieuse associée à de l'idolâtrie, comme le rapportent Ézéchiel et Jérémie. Les autres prophètes, tels que Ésaïe et Michée, soulignent également les violations flagrantes par Juda de la Loi écrite de Moïse.

Les rabbins du passé ont ajouté des règles et directives issues de l'homme à la Loi de D.ieu dans le but initial de préciser la manière de s'y soumettre et de dresser une haie de protection ou clôture autour de la Loi afin d'empêcher les infractions involontaires. Bien que cela soit compréhensible, étant donné la gravité de la violation de la Loi plutôt que de l'observer, l'ajout de nombreux enseignements et traditions à la Loi écrite a facilité l'observation de la Loi d'un point de vue légaliste, mais pas nécessairement avec le cœur. Le *Sh'ma*, en revanche, appelle à un engagement total dans l'adoration et l'obéissance à D.ieu, plutôt qu'à une approche légaliste. En effet, répondre à l'appel d'adorer D.ieu seul en esprit et en vérité nécessite un engagement entier du *cœur*, de l'esprit et de la force, plutôt que de suivre une forme de religion. Cela n'a rien de nouveau et continue d'être un défi pour les fidèles d'hier comme d'aujourd'hui.

La Loi orale comparée à la Loi écrite

Quand la Loi orale a-t-elle vu le jour ? Comment un corpus d'enseignements et de traditions s'est-il développé aux côtés du *Tanakh*, dépassant même parfois les paroles claires de *HaShem* ? Cela a commencé avec la génération qui a suivi Esdras le Scribe dans l'école des *Sophrim* (Scribes) et non pas avec Moïse au mont Sinaï. La Loi orale n'existe pas à l'époque du prophète Osée, qui considère que la Loi écrite est devenue étrangère à Israël (quelque chose qui ne le concerne pas), Osée 8 v.12. Au fil des siècles, alors que la Loi orale se développe, les enseignants d'Israël amènent le peuple à croire qu'il est plus important d'observer la loi rabbinique que la Loi même de D.ieu. En général, les rabbins ne le disent pas ouvertement, mais cela est consigné dans le *Talmud* cité précédemment, à partir de la page 32, ainsi que dans mon exemplaire personnel du *Chumash*[28]. En pratique, c'est ce qui s'est passé.

Il existe plusieurs arguments convaincants qui justifient l'absence totale de preuves de l'existence d'une Loi orale transmise par l'intermédiaire de Moïse :[29]

- **Un oxymoron :** Il aurait fallu un acte surnaturel pour préserver la Loi orale intacte pendant plus de 1 600 ans. Si la Loi orale a pu être gardée avec une exactitude parfaite pendant si longtemps, pourquoi a-t-il fallu l'écrire en 200 de notre ère, lorsque Judah *Ha-Nasi* l'a mise par écrit pour la première fois ?

- **Perdu et retrouvé :** Pendant le règne de Manassé (55 ans), les Écritures tombent en désuétude et elles sont perdues de vue du public. Puis, sous le règne du roi Josias, petit-fils de Manassé, la Loi écrite est redécouverte dans le temple ; pendant des décennies, la célébration de la Pâque n'a pas été pratiquée.

    Et Ézéchias envoya vers tout Israël et Juda, et il écrivit aussi des lettres à Ephraïm et à Manassé, pour qu'ils vinssent à la maison de l'Éternel, à Jérusalem, pour faire la Pâque à l'Éternel, le Dieu d'Israël.
    (II Chroniques 30 v.1)

    Pour résumer, et cela doit être soigneusement soupesé : Si la *Torah* écrite a été perdue sous le

---

[28] Rabbi Nosson Scherman, *The Chumash*: The *Torah*: *Haftarot and Five Megillot* (Brooklyn, NY : Mesorah Publications, 1993), xix, xxiii-xxv.

[29] Source : Ron Cantor, *Four Proofs There Was No Oral Law*, Published by Messiah's Mandate: Raising Up Leaders for the Coming Israeli Revival, posted at:

http://messiahsmandate.org/four-proofs-there-was-no-oral-torah.

règne de Manassé et que le culte du D.ieu d'Israël est tombé en désuétude au point que le temple lui-même a dû être restauré sous le règne de Josias (II Chroniques 34), comment est-il possible que les lois orales mémorisées, équivalentes à de nombreux volumes, ont-elles pu survivre à l'apostasie du Royaume de Juda de cette époque ? Cela n'est tout simplement pas concevable. Il a été possible de retrouver et de lire la Loi écrite, alors que La Loi orale ayant été perdue ne pouvait être récupérée. Ainsi, s'il existe une quelconque Loi orale, elle a été créée par les rabbins quelque temps après le roi Josias, plus exactement, après la captivité elle-même.

- **La Loi écrite complète :** Les Écritures rapportent soigneusement dans Exode 24 v.3-4 de manière catégorique que Moïse a transmis au peuple TOUTES les paroles de *HaShem* et TOUS Ses jugements, et TOUT le peuple a répondu d'une seule voix [*echad*] qu'il ferait TOUTES les paroles de la Loi, et Moïse a écrit TOUTES les paroles de *HaShem*.

    « Toutes les paroles que l'Éternel a dites, nous les ferons. » Et Moïse écrivit toutes les paroles de l'Éternel (Exode 24 v.3-4a).

    On ne peut être plus clair (Deutéronome 4 v.2 ; 12 v.32 ; Josué 1 v.8 ; 8 v.32-35), ce qui signifie qu'il n'y a pas de Loi orale cachée depuis l'époque de Moïse.

Il est demandé au peuple d'obéir à la Loi écrite :

Car tu écouteras la voix de l'Éternel, ton Dieu, pour garder ses commandements et ses statuts, ce qui est écrit dans ce livre de la loi, quand tu retourneras à l'Éternel, ton Dieu, de tout ton cœur et de toute ton âme. (Deutéronome 30 v.10)

Le Livre de la Loi achevé, placé dans l'arche, devient un témoignage contre les Israélites, la mesure de leur fidélité à l'alliance. Deutéronome 31 v.24-26.

Et quand Moïse eut achevé d'écrire dans un livre les paroles de cette loi jusqu'à ce qu'elles fussent complètes, il arriva que Moïse commanda aux Lévites qui portaient l'arche de l'alliance de l'Éternel, disant, Prenez ce livre de la loi, et placez-le à côté de l'arche de l'alliance de l'Éternel, votre Dieu ; et il sera là en témoignage contre toi.

Dans Josué 1 v.8, D.ieu ordonne à Josué d'observer la Loi écrite dans le premier livre des Prophètes du *Tanakh*. Aucune mention n'est faite d'une Loi orale ou d'une tradition.

Que ce livre de la loi ne s'éloigne pas de ta bouche, et médite-le jour et nuit, afin que tu prennes garde à faire selon tout ce qui y est écrit ; car alors tu feras réussir tes voies, et alors tu prospéreras.

Non seulement la section des Prophètes commence par la méditation de ce qui est écrit, mais le premier chapitre de la section des Écrits du *Tanakh*, les Psaumes, développe ce que *HaShem* a dit à Josué. Examinons le Psaume 1, les versets 1-2.

Bienheureux l'homme qui ne marche pas dans le conseil des méchants, et ne se tient pas dans le chemin des pécheurs, et ne s'assied pas au siège des moqueurs, mais qui a son plaisir en la loi de l'Éternel, et médite dans sa loi jour et nuit !

L'introduction de chacune des sections des Prophètes et des Écrits reprend l'enseignement de Moïse, qui place la Loi écrite comme la seule loi à étudier et à observer. Selon Deutéronome 17 v.18, même le roi d'Israël devait faire sa propre copie de la Loi écrite de Moïse afin de pouvoir gouverner et juger le peuple avec droiture.

Mettre l'accent de la Loi écrite sur la Loi orale est comparable à un mariage agité : après tout, Israël est l'épouse de *HaShem*. Israël s'est éloigné de son D.ieu à cause de son idolâtrie et de sa dureté de cœur à l'égard de la loi de *HaShem*, et *HaShem* a répondu par le divorce. Il ne s'agit pas d'une situation définitive, car nous lisons que *HaShem* fera revenir Israël, le consolera et le rachètera (Ésaïe 40 v.1-2). Si l'on considère la réponse de D.ieu d'un point de vue purement humain, que se passerait-il si, en tant que personne mariée, vous aimiez une autre femme ou un autre homme ? Votre conjoint serait en colère et c'est le cas de *HaShem*. Si vous négligez complètement votre conjoint, il deviendra indifférent et froid à votre égard, et c'est le cas de *HaShem*. Qu'en serait-il si vous preniez les paroles de votre conjoint pour en modifier le sens et leur faire perdre leur valeur ? C'est exactement ce que le judaïsme rabbinique fait à *HaShem*. Le judaïsme rabbinique accorde plus d'importance aux écrits des rabbins qu'à la Parole de *HaShem*. Les paroles des rabbins reçoivent plus d'honneur et sont placées au-dessus des paroles de *HaShem*. Tant qu'Israël n'aura pas compris que le judaïsme rabbinique a supplanté la loi de *HaShem* par une loi d'invention rabbinique, Israël souffrira le silence, l'éclipse de *HaShem*. Le corps des enseignements rabbiniques qui forme la Loi orale a trouvé son essor avec les *Sophrim*, la *Mishna* et plus tard Rabbi ben Zakkai en 70 de notre ère, et plus tard encore avec le *Talmud*. Alors que les oreilles d'hier et d'aujourd'hui sont ouvertes pour suivre les enseignements rabbiniques et fermées aux paroles de *HaShem*, le peuple juif dans le pays et dans la Diaspora mondiale continue à faire l'expérience du silence de *HaShem*. C'est ainsi que D.ieu demeure éclipsé de Son peuple. Malheureusement, il y a aujourd'hui une famine de la Parole de *HaShem* parmi votre peuple, tout comme Amos l'a annoncé (Amos 8 v.11-12). Mais soyez encouragé. *HaShem* est tout près de vous :

> *Et tu leur diras, Ainsi dit l'Éternel des armées, Revenez à moi, dit l'Éternel des armées, et je reviendrai à vous, dit l'Éternel des armées* (Zacharie 1 v.3).

Bien que mon examen du judaïsme rabbinique puisse paraître très négatif, je ne veux pas que vous pensiez que j'attaque personnellement les rabbins. J'attire votre attention sur ce qui s'est passé au cours des siècles. Vos rabbins ne font que transmettre ce que leurs pères leur ont enseigné, enseignement qu'ils ont eux-mêmes reçu de leurs pères. Il s'agit donc du produit de siècles d'enseignement fondé sur une fausse hypothèse, à savoir qu'il existe une Loi orale qui remplace la Loi écrite donnée par *HaShem* à Moïse, qui l'a soi-disant répétée à Josué, qui l'a répétée aux Juges, et que les Juges ont répétée aux Prophètes qui l'ont transmise ensuite aux scribes de l'école des Sophrim.

> *Dès les jours de vos pères, vous vous êtes détournés de mes statuts, et vous ne les avez pas gardés. Revenez à moi, et je reviendrai à vous, dit l'Éternel des armées. Et vous dites, En quoi retournerons-nous ?* (Malachie 3 v.7)

Revenant au *Sh'ma* de Deutéronome 6 v.5, nous pouvons nous demander : « A-t-on aimé *HaShem* de tout son cœur, de toute son âme et de toute sa force, ou a-t-on aimé et honoré la loi rabbinique ? » David aimait la Loi écrite de D.ieu et il a encouragé ses compatriotes israélites à faire de même, comme nous le voyons dans le Psaume 37 v.31 lorsqu'il dit, *la loi de son Dieu est dans son cœur, ses pas ne chancelleront pas.* Le judaïsme rabbinique a-t-il rapproché le peuple de D.ieu de son D.ieu ? Dans l'ensemble, les Juifs ont déjà répondu à cette question en tournant le dos aux lois rabbiniques et en répondant de manière complètement laïque à tous les aspects de la vie.

Notre D.ieu est Un — Plusieurs indices

Nous arrivons maintenant au verset 4, le cœur du *Sh'ma*, que toute personne juive connaît par cœur :

Écoute, Israël, L'Éternel, notre Dieu, est un seul Éternel.

Dans ce verset, l'accent est mis sur le mot *un*. Mais regardons le reste du verset avant de passer au mot *un* (*echad*). Tout au long de ce livre, il est fait référence au mot *un* en se basant sur les deux mots *echad* et *yachid*. Nous allons voir maintenant ce qui distingue clairement ces deux termes, qui signifient tous deux *un seul*.

Tout d'abord, il y a le mot Éternel qui apparaît deux fois dans le verset 4 ; il a été indiqué dans le chapitre trois de cet ouvrage qu'il s'agit d'un mot particulier pour *HaShem*. Cependant, le mot D.ieu au verset 4 est *Elohenu*, qui est la forme plurielle des mots singuliers *El* ou *Eloah*, signifiant littéralement « nos D.ieux ». Puis vient le mot *un seul* ou *echad*. Traditionnellement depuis l'époque de Maïmonide et très probablement déjà au premier siècle de notre ère, il est enseigné par le judaïsme rabbinique que ce mot a le sens d'un absolu [*yachid*], ce qui signifie que D.ieu est un, que D.ieu est seul par Lui-même. Est-ce vrai ? Les mots du judaïsme rabbinique reflètent-ils le sens que *HaShem* donne de Lui-même, ou reflètent-ils l'interprétation qu'en donne le judaïsme rabbinique ? Examinons l'arrière-plan du mot « *un* ».

Moïse Maïmonide (1135-1204) a écrit les treize principes fondamentaux de la foi juive. Le deuxième principe est le suivant :

> Je crois avec une foi parfaite que D.ieu est Un. Il n'existe aucune unité qui ressemble en quelque sorte à la Sienne. Lui seul est notre D.ieu — Il était, Il est et Il sera.

Cependant, Maïmonide a imaginé quelque chose qui, selon lui, donnait une fausse idée de D.ieu dans sa perspective rabbinique. Il faut se rappeler que *HaShem* est l'auteur de la langue et l'auteur des Écritures hébraïques. Il est parfaitement capable de se définir Lui-même sans l'aide d'aucun homme. Maïmonide s'est penché sur le mot *echad*, qui est traduit dans le texte hébreu par *un*. Cependant, il n'aimait pas le mot utilisé par *HaShem*, aussi il utilise dans ses *Principes de foi* un autre mot hébreu, *yachid*, qui signifie également *un*. Mais les deux mots n'ont pas la même signification, même si tous les deux veulent dire un. Ainsi, le judaïsme rabbinique suit aujourd'hui l'exemple de Maïmonide, mais qu'a imaginé Maïmonide pour ne pas utiliser le mot que *HaShem* utilise à propos de Lui-même ? Encore une fois, tout revient à l'hypothèse selon laquelle *Elokim* est un être absolu [*yachid*].

Dans le texte hébreu de Deutéronome 6 v.4, le mot pour *un* est אחד ou *echad*. Le terme *echad* est utilisé essentiellement de cinq manières ; elles peuvent être réduites aux trois suivantes :

- Utilisé en tant qu'unité ou unité composée ;
- Désigne un contexte de pluralité ;
- Désigne un individu parmi d'autres.

Dans les écrits de Moïse, le mot *echad* est utilisé 382 fois, et lorsqu'on passe en revue chacune des références, on découvre ce que Maïmonide a imaginé et l'on comprend pourquoi il a choisi d'utiliser un autre mot, יחיד, [*yachid*] à la place du mot qu'*HaShem* a choisi d'utiliser.

En parcourant toutes ces références, on découvre que la plupart des rabbins eux-mêmes n'ont jamais étudié la question. Étudiez cela par vous-même en vous procurant une Concordance[30] de Young et en recherchant chaque référence individuelle. Tout d'abord, ***l'utilisation minoritaire*** de *echad* est celle d'une unité composée signifiant que deux ou plusieurs choses sont réunies en *une seule*. Illustrons cette utilisation par quelques versets :

> *Et Dieu appela la lumière Jour ; et les ténèbres, il les appela Nuit. Et il y eut soir, et il y eut matin, premier [echad] jour.* (Genèse 1 v.5)

> *C'est pourquoi l'homme quittera son père et sa mère, et s'attachera à sa femme, et ils seront une seule [echad] chair.* (Genèse 2 v.24)

> *Et Moïse vint, et raconta au peuple toutes les paroles de l'Éternel, et toutes les ordonnances. Et* **tout le peuple répondit d'une seule [*echad*] voix**, *et dit, Toutes les paroles que l'Éternel a dites, nous les ferons.* (Exodus 24 v.3)

> *Et ils vinrent jusqu'au torrent d'Eshcol, et coupèrent de là* **un sarment avec une [echad] grappe de raisin** *; et ils le portèrent à deux au moyen d'une perche, et des grenades et des figues.* (Nombres 13 v.23)

---

[30] Robert Young, *Young's Analytical Concordance to the Bible* (Grand Rapids, MI : Eerdmans Publishing, 1977).

Dans ces versets, deux ou plusieurs choses deviennent une seule, ce que l'on appelle une unité composée. La ***deuxième utilisation*** d'un contexte pluriel est celle où l'on fait référence à deux ou plusieurs choses et où l'on en choisit une parmi d'autres, comme l'illustre l'exemple suivant :

> *Et il dit, Me voici. Et Dieu dit, Prends ton fils, ton unique [yachid], celui que tu aimes, Isaac, et va-t'en au pays de Morija, et là offre-le en holocauste,* **sur une** [*echad*] **des montagnes** *que je te dirai.* (Genèse 22 v.2)
>
> *Les mains de Moïse étant fatiguées, ils prirent une pierre qu'ils placèrent sous lui, et il s'assit dessus. Aaron et Hur soutenaient ses mains,* **l'un** [*echad*] **d'un** [*echad*] **côté, l'autre** [*echad*] **de l'autre** [*echad*] ; *et ses mains restèrent fermes jusqu'au coucher du soleil* (Version L. Segond). (Exode 17 v.12)
>
> *Mais dans le lieu que l'Éternel choisira dans* **l'une** [*echad*] **de tes tribus**, *là tu offriras tes holocaustes, et là tu feras tout ce que je te commande.* (Deutéronome 12 v.14)
>
> **Un** [*echad*] **bouc,** *en offrande pour le péché.* (Nombres 7 v.52)

Toutes ces références font appel au choix d'*un* parmi plusieurs. Il y avait de nombreuses montagnes dans la région où Abraham devait se rendre, et D.ieu lui montra *laquelle* parmi toutes. Moïse avait deux bras qu'Aaron et Hur devaient soutenir. Parmi les 12 tribus d'Israël, D.ieu en choisit *une*. Le Lévitique et les Nombres contiennent de nombreuses références quant au choix d'un agneau, d'une chèvre ou d'un taureau pour l'offrir en sacrifice à l'Éternel. Dans chaque situation, où sont-ils allés chercher un agneau ou une chèvre ? La réponse est : d'un troupeau de brebis ou de chèvres. Où allaient-ils chercher un taureau ? Là encore, la réponse est évidente : dans un troupeau de bovidés. Ainsi, même s'il ne s'agit du sacrifice que d'un seul animal, le choix d'*un* nécessite un contexte pluriel. Il ne s'agit pas d'un [*yachid*] isolé. Chacun est *un* [*echad*] *parmi d'autres*. Je n'insinue PAS qu'il y ait plus d'un D.ieu, comme le font les païens, ou que D.ieu est divisible ; Il est indivisible. D.ieu est un dans la pluralité, comme cela est expliqué dans le premier chapitre.

La ***troisième utilisation*** d'un contexte pluriel est celle d'un *cardinal* où *echad* est utilisé comme *un parmi d'autres*, comme le premier jour de la semaine ou le premier mois de l'année, comme illustré dans les exemples suivants :

> *Le premier mois, le quatorzième jour du mois, au soir, vous mangerez des pains sans levain, jusqu'au* **vingt et unième** [*echad*] **jour** *du mois, au soir.* (Exode 12 v.18)

> *Et l'Éternel parla à Moïse, au désert de Sinaï, dans la tente d'assignation, le* **premier** [*echad*] **jour du second mois** *de la seconde année après leur sortie du pays d'Égypte, disant...* (Nombres 1 v.1)

Ces deux références mentionnent un jour ou un mois précis. Pourquoi dit-on le 21e jour ou le 1er jour ? Il ne s'agit pas non plus du seul jour du mois, car dans le calendrier juif, il y a 28 jours dans le mois et non pas un seul jour ; *echad* ici est utilisé pour exprimer un parmi plusieurs. Ces références et les 383 d'*echad* montrent que Moïse n'a jamais utilisé le mot *echad* comme un absolu. Il est exclusivement utilisé dans le contexte de la pluralité. Avec cet éclairage, on peut relire Deutéronome 6 v.4 de la manière suivante :

> *Écoute, Israël, L'Éternel* [singulier], *notre Dieu* [pluriel], *est un seul* [*echad* - pluriel] *Éternel* [singulier].

L'Éternel est un seul Éternel ; il n'y a pas d'autres dieux. L'utilisation du pluriel ici n'a aucunement pour but de suggérer qu'il existe d'autres dieux que *HaShem*. Tous les autres dieux que l'homme adore sont inventés dans l'esprit de l'homme. Ésaïe 44 v.6 est très clair : il n'y a pas d'autres dieux que l'Éternel lui-même. Mais comme on l'a vu précédemment dans la Loi, les Prophètes et les Écrits, *HaShem* fait référence à Lui-même au pluriel, mais comme *un seul echad Éternel*. Il existe une pluralité au sein de *HaShem Elokim*, ce qui explique les références au pluriel dans tout le *Tanakh*.

Une dernière note sur ce point : Il existe un mot hébreu qui exprime le concept d'*une personne seule* [*yachid*], qui se tient complètement par elle-même sans rien autour d'elle, et c'est le mot qu'aime Maïmonide. Revenons à la citation de Genèse 22 v.2 où le mot *yachid* est utilisé en référence à Isaac. D.ieu désigne Isaac, le fils de la promesse, comme le seul fils de la promesse. C'est lui et lui seul qui devait être pris et offert devant l'Éternel. Le contexte de ce passage est un contexte absolu et le mot *yachid* est utilisé. Pourtant, dans la dernière partie du verset, le mot *echad* est utilisé. D.ieu montrera à Abraham vers laquelle des montagnes (au pluriel) Abraham doit se rendre. Maïmonide, qui croyait en l'unicité absolue de *HaShem*, a vu que *echad* présentait l'Éternel dans un contexte pluriel ; il a donc utilisé un autre mot pour traduire son interprétation qui n'est pas celle de *HaShem*. C'est ce que Maïmonide a imaginé. Une autre référence utilisant *yachid* se trouve dans Zacharie 12 v.10 :

> *Et je répandrai sur la maison de David et sur les habitants de Jérusalem un esprit de grâce et de supplications ; et ils regarderont* **vers** *moi, celui qu'ils auront percé, et ils se lamenteront sur lui, comme on* **se lamente** *sur un* **fils unique** [*yachid*], *et*

il y aura de l'amertume pour lui, comme on a de l'amertume pour un premier-né.

Tout d'abord, il s'agit d'aborder un point de ce verset qui pourrait être source d'inapplication. Le mot en caractères gras *vers* dans le verset. Le mot devrait être *sur moi,* car c'est le sens du texte. Parce que le verset reflète tellement ce qui est arrivé à Jésus, les Massorètes[31], avec leurs voyelles pointées, qui sont extrabibliques, ont réussi à détourner l'attention du sens réel du texte. Dans ce passage, la nation d'Israël pleure sur Celui qui a été transpercé comme on pleure la perte d'un fils unique [*yachid*]. Dans le contexte biblique, si une veuve perdait son fils unique [*yachid*], elle perdait non seulement l'héritage, mais aussi celui qui prenait soin d'elle en l'absence de son mari décédé. La perte était tragique pour une veuve. Zacharie associe les pleurs pour un fils perdu à ceux pour celui qui est transpercé, et le verset 1 nous dit que celui qui est transpercé est *HaShem*, l'Éternel. Comme dans Ésaïe 50, ce qui arrive à *HaShem* ne peut se produire que s'Il vient en chair et habite parmi nous.

On peut constater que l'interprétation littérale du texte dont il est question au chapitre trois a été respectée.

L'auteur ne s'est écarté ni à gauche ni à droite du texte, mais a simplement cherché à comprendre les Écritures

---

[31] Les Massorètes sont des rabbins du 10e siècle de notre ère qui ont ajouté la ponctuation sur le texte hébreu. Aujourd'hui, le texte massorétique constitue le fondement de toutes les Bibles, qu'elles soient juives ou chrétiennes. Cependant, le texte des Écritures fondé sur le texte massorétique est précédé par d'autres textes hébreux, à savoir les Rouleaux de la mer Morte et la traduction du texte hébreu en grec par 70 rabbins aux alentours de 250 avant notre ère, faisant que cette traduction est de 1000 ans plus ancienne que le texte massorétique. Le texte grec est connu sous le nom de la Septante (LXX).

hébraïques telles que *HaShem* Lui-même vous les a données. Le *Sh'ma* est un passage puissant, mais la divergence existante avec le judaïsme rabbinique est ignorée.

Deutéronome 6 : 4 ne correspond pas à ce qui est enseigné dans le judaïsme depuis des siècles. Cela est dit sans manque de respect ; c'est davantage par souci de rendre gloire à *HaShem* et à L'honorer en comprenant Sa parole telle qu'Il l'a Lui-même donnée. Je vous mets au défi de ne pas me croire sur parole ; étudiez le texte par vous-même et laissez *HaShem* être votre professeur, votre rabbin, et voyez comment Il se présente dans le *Tanakh*.

En conclusion, lorsque le judaïsme rabbinique utilise Deutéronome 6 v.4 pour prouver l'unicité absolue de HaShem, il ne dispose pas de preuves tirées du *Tanakh* pour le justifier.

Chapitre Sept :
Le Messie :
Semence, Roi et Prophète dans la Loi

J'aimerais partager une découverte faite ces dernières années qui m'a stimulé et m'a beaucoup éclairé dans mon étude du *Tanakh*.

J'ai toujours vu le *Tanakh* en tant que loi (avec un aspect historique), composée d'instructions, de règles et règlements qu'Israël doit respecter, et c'est effectivement le cas. Cependant, ce n'est pas le seul thème couvert par Moïse et les Prophètes dans le *Tanakh*. Il y a d'autres thèmes que je n'avais pas bien identifiés auparavant. *HaShem* a demandé aux auteurs des Écritures, à commencer par Moïse, de reprendre ces thèmes tout au long de leurs livres, même si des siècles les séparaient. Comme vous le savez, la Loi est un des thèmes, mais elle ne constitue pas le thème unique ni le thème central. Examinons ensemble les thèmes que Moïse aborde en premier et qui sont repris ensuite par les prophètes :

- La semence
- Le roi
- Le prophète
- La bénédiction
- La foi
- Les alliances

- L'œuvre de D.ieu au travers d'Israël
- La nature et l'essence de D.ieu
- La Loi

Tous ces thèmes que l'on trouve dans les écrits de Moïse ne seront pas abordés. En parcourant le *Tanakh*, on peut s'arrêter brièvement sur un thème particulier, celui de la **Semence** que *HaShem* a conduit jusqu'à nous au travers de Sa révélation. Il associe tous les autres thèmes au thème de la **Semence** et de la pluralité de *Elokim* qui a déjà été examiné.

La prophétie de la Semence

Genèse 3 v.15

Le premier thème qui ressort des écrits de Moïse se trouve dans Genèse 3 v.15. Il s'agit de la promesse que *HaShem* fait à Satan en présence d'Adam et d'Ève :

> *Et je mettrai inimitié entre toi [Satan] et la femme, et entre ta semence et sa semence. Elle te brisera la tête, et toi tu lui briseras le talon.*

L'homme a péché contre *HaShem* en mangeant du fruit du seul arbre défendu dans le jardin, *l'arbre de la connaissance du bien et du mal* (Genèse 2 v.9). Le jardin d'Éden était rempli d'arbres fruitiers, seul l'un d'entre eux étant soumis à une restriction. Ève a été trompée ; Adam a mangé en toute connaissance de cause du fruit par lequel Satan, qui habite le Serpent, les a tentés. Dans Genèse 3, *HaShem Elokim* intervient ; après un entretien avec Adam et Eve, *HaShem* apporte la première prophétie dans le *Tanakh* ; elle est adressée à Satan comme nous venons de le lire.

Plusieurs points doivent être soulignés. Tout d'abord, il y aura inimitié entre la **Semence** de la femme et la semence de Satan. Cela va au-delà de l'inimitié entre la femme et les serpents. La **Semence** de la femme écrasera la tête du serpent tandis que le serpent ne pourra que meurtrir le talon de la **Semence** de la femme. Deux questions se posent :

1. **Premièrement, la femme est-elle porteuse de la semence ?**

La réponse est non. La femme a un ovule que la semence mâle féconde. Lorsque ces deux éléments s'unissent, une progéniture (semence) est produite. En ce qui nous concerne, notre descendance est strictement humaine. Or, nous sommes aussi des êtres spirituels, mais nous sommes confinés dans un corps humain, alors que les êtres spirituels (anges/démons) sont libres d'errer sur la terre et dans l'espace de l'univers. Alors comment peut-il y avoir une descendance/semence provenant uniquement d'une femme ? Vous dites que c'est impossible ! Humainement parlant, vous avez raison à cent pour cent. Alors pourquoi *HaShem* fait-Il référence à la **Semence** ou à la descendance de la femme, laissant entendre qu'un homme n'est pas impliqué ?

Il n'y a qu'un seul endroit dans le *Tanakh* où *la semence de la femme* est mentionnée, et c'est ici, en Genèse 3 v.15, dans la première annonce prophétique de *HaShem*. *HaShem* ne donne aucune explication à ce stade ; ce n'est qu'avec Ésaïe, le Prophète, que des explications sont apportées. Partout ailleurs dans le *Tanakh*, la semence est toujours recensée à partir de l'homme qui a eu des rapports sexuels avec une femme pour ensuite donner naissance à un enfant. Tout au long du texte biblique, l'identité tribale juive passe toujours par l'homme et non par la femme. Alors pourquoi *HaShem* utilise-t-il le terme de *semence* (descendance) *de la femme* ? Parce que D.ieu va féconder l'ovule d'une femme par Sa Parole, de sorte qu'elle pourra accoucher sans l'intervention d'un homme ; en d'autres termes, une vierge va concevoir et accoucher. Il s'agit d'un acte surnaturel de D.ieu, d'un miracle.

2. Deuxième question : un être humain peut-il atteindre Satan pour le détruire ou l'écraser ?

La réponse est un NON catégorique. Identifions Satan : selon Ésaïe 14 v.12-14 et Ézéchiel 28 v.11-19, Satan est un être créé, un être spirituel, qui occupait la position de chérubin oint couvrant le trône de *HaShem* (Ésaïe 14 v.12-14 ; Ézéchiel 28 v.13-15) avant que *l'iniquité ne soit trouvée* en lui. Il faisait partie de l'ordre le plus élevé des anges et sa position était celle d'une couverture, d'une *hupah* sur le trône de *HaShem*. Satan devint un adversaire très puissant de *HaShem* ; à l'origine, il portait le nom de Lucifer avant de tomber parce que l'iniquité se trouva en lui. Il voulait être comme le Très-Haut ; il voulait être l'égal de *Elokim*. Ainsi, dans les cieux de *Elohim*, il est en rébellion ouverte avec son Créateur. Face à nous qui sommes des êtres humains, il est puissant et ne peut être confronté.

D.ieu est souverain et Satan est soumis à la volonté de Elokim dans ses activités (Job 1 v.8-12 ; 2 v.4-7). Satan est un être créé qui s'est rebellé et qui est la source de l'adoration de tous les faux dieux, de l'antisémitisme et du péché. Malgré la tentative de Satan d'être l'égal de D.ieu, le D.ieu d'Abraham, d'Isaac et de Jacob demeure le seul D.ieu et il n'y a pas d'autre D.ieu (Ésaïe 43 v.10-11 ; 44 v.6 ; 45 v.5-6). Il n'y a PAS deux D.ieux qui s'affrontent pour la suprématie.

Revenons à notre question initiale : un être humain peut-il atteindre Satan ? La réponse est non, car il s'agit d'un ennemi spirituel puissant et nous ne sommes pas de taille à l'affronter. Qu'en est-il de l'affirmation initiale de la semence de la femme écrasant Satan. La **Semence** de la femme sera plus qu'un être humain ; elle sera *Elokim*, mais dans la chair. Cette naissance surnaturelle produira Celui qui écrasera Satan et supprimera la malédiction du péché sur l'humanité et sur la terre ; cependant, *HaShem* n'en fournit aucune explication pendant 3 000 ans jusqu'au passage prophétique dans Ésaïe 7 v.14.

Voyons maintenant, dans le monde d'avant le déluge comment Ève, Lémec et Satan lui-même comprennent la promesse de la **Semence** de la femme.

Genèse 4 v.1

Comment Ève comprend-elle la prophétie de *HaShem Elokim* ? Nous trouvons la réponse dans la Genèse 4 v.1, lorsqu'elle donne naissance à son fils premier-né :

> *Et l'homme connut Ève sa femme ; et elle conçut, et enfanta Caïn ; et elle dit, J'ai acquis un homme avec l'Éternel.*

Toutes les traductions, tant juives que chrétiennes, ajoutent l'expression « par » ou « avec l'aide de » l'Éternel. Cependant, en hébreu, il est simplement dit : *J'ai acquis un homme, l'Éternel.* Lorsqu'elle conçoit et porte Caïn, Ève comprend en partie la prophétie de *HaShem Elokim*. Elle dit : *J'ai acquis un homme, l'Éternel.* Elle dit qu'elle a donné naissance à un homme qui est l'Éternel, le D.ieu/homme, qui doit les racheter de la malédiction du péché. C'est ce qu'elle comprend d'après le texte. Cependant, il ne lui faut probablement pas longtemps pour voir que Caïn n'est pas cette **Semence** ; cependant la promesse demeure.

Genèse 5 v.28-29

La promesse de la **Semence** est bien connue dans le monde d'avant le déluge. Lémec comprend également la promesse lorsqu'il nomme Noé. Noé n'est pas cette **Semence**, mais voyons ce que Lémec comprend concernant la malédiction et sa levée (Genèse 3 v.17-19) et le lien avec la **Semence** :

> *Celui-ci* [Noé] *nous consolera à l'égard de notre ouvrage et du travail de nos mains, à cause du sol que l'Éternel a maudit.*

Nous voyons comment Ève et Lémec conçoivent la **Semence**. Pour la femme, elle concerne l'accouchement, alors que pour l'homme, elle a trait à la malédiction de la terre.

Genèse 6 v.1-5

Vient ensuite la façon dont Satan comprend la prophétie de *HaShem Elokim* qui concerne sa propre destruction. Dans Genèse 6 vient la réponse de Satan à la prophétie de *HaShem Elokim* concernant la **Semence** de la femme. Satan cherche à corrompre la **Semence** de la femme avant la venue du rédempteur et du consolateur attendu, afin d'empêcher ainsi Sa naissance. Ève a d'abord vu dans son fils premier-né l'accomplissement de cette promesse, mais elle s'est trompée. Lémec a pensé que la promesse allait s'accomplir par Noé. Il est clair que la promesse finira par s'accomplir avec un futur rédempteur et sauveur dans la descendance. Satan comprend qu'il doit pervertir la promesse de la Semence de Genèse 3 v.15 qui annonce la naissance de ce rédempteur et consolateur.

> *[1] Et il arriva, quand les hommes commencèrent à se multiplier sur la face de la terre et que des filles leur furent nées, [2] que* **les fils de Dieu** *virent les filles des hommes, qu'elles étaient belles, et ils se prirent des femmes d'entre toutes celles qu'ils choisirent. [3] Et l'Éternel dit, Mon Esprit ne contestera pas à toujours avec l'homme, puisque lui n'est que chair ;*

mais ses jours seront cent vingt ans. **⁴Les géants étaient sur la terre** *en ces jours-là, et aussi après que les fils de Dieu furent venus vers les filles des hommes et qu'elles leur eurent donné des enfants, ceux-ci furent les vaillants hommes de jadis, des hommes de renom.*

⁵Et l'Éternel vit que la méchanceté de l'homme était grande sur la terre, et que toute l'imagination des pensées de son cœur n'était que méchanceté en tout temps.

Les informations dans ces versets permettent de comprendre l'objectif du déluge, le déluge mondial visant à détruire l'homme de la terre, à l'exception de Noé et de sa famille, qui sont les seuls à être justes en ce temps-là. Il y a beaucoup à dire sur ce passage, mais seuls deux points seront commentés. Qui sont les *fils de Dieu* mentionnés dans le texte ? Que sont les *géants de la terre* ? Nous apprenons que l'imagination *des pensées du cœur* de l'homme n'est que *méchanceté en tout temps*. À remarquer que contrairement à l'enseignement rabbinique, *HaShem* écarte l'idée d'un bon et d'un mauvais penchant. *HaShem* dit que les pensées du cœur (au singulier et pas au pluriel) sont continuellement tournées vers le mal. Au verset 4, l'accouplement des *fils de Dieu* avec les *filles des hommes* donne naissance à des *géants*. L'expression « fils de Dieu » est toujours utilisée dans les Écritures hébraïques pour désigner les anges de D.ieu et non la prétendue lignée des justes issue de Seth, troisième fils d'Adam. Certains tentent de faire de Genèse 6 une exception à tous les autres passages, mais rien ne justifie cette exception.

Passons en revue le contexte du mot *géant* en relation avec les *fils de Dieu*. En hébreu, le mot est *Nephilim*, ce qui signifie « êtres déchus », mais qui sont-ils ? La Septante (LXX) nous donne ici des informations très précieuses sur leur identité. Le *Tanakh* a été entièrement traduit en grec bien avant l'époque de *Yéchoua* [Jésus]. La LXX est la traduction grecque du *Tanakh* hébreu réalisée par soixante-dix rabbins qui ont répondu à l'appel de Ptolémée Philadelphe (285-246 av. J.-C.) pour traduire les livres de Moïse [*Torah*] en grec. Ces traducteurs se sont rendus à Alexandrie, en Égypte, vers 250 avant notre ère, pour mener à bien cette tâche. En 250 avant notre ère, comment les rabbins de l'époque comprennent-ils Genèse 6 v.4 et le terme *Nephilim* ? Ils traduisent le mot *Nephilim* par le mot grec *gigentes*. Plus tard, il est translittéré, et non traduit, en français sous le nom de *géants*. Mais *géant* n'est pas le sens du mot grec *gigentes*. Il s'agit des *Titans* de la mythologie romaine et grecque.

Les rabbins qui ont traduit le *Tanakh* en grec ont compris que les *Titans* étaient le produit de l'union non pas de deux types d'êtres humains, mais d'anges déchus (démons) et de femmes humaines, et qu'une telle union produisait un être qui n'était ni angélique ni humain. Cela a donné naissance à une nouvelle race d'être[32] appelée *Nephilim*, ou déchus. Selon les mythologies grecque et romaine, ces gigentes étaient des êtres surhumains, mais non par leur taille. Ces mythologies romaines et grecques racontent comment les dieux du mont Olympe ont eu des relations sexuelles avec des humains sur terre et ont engendré des enfants aux caractéristiques surhumaines. Telle a été la stratégie de Satan pour détruire la **Semence** promise

---

[32] Pour clarifier un mot souvent mal utilisé : *la race*. Il n'y a qu'une seule race, la race humaine. Cependant, dans l'espèce humaine, il existe de nombreuses nationalités et ethnies qui composent toutes les familles de la terre. Il n'y a pas de race noire, de race asiatique, de race européenne, de race espagnole ou de race juive. Nous sommes tous membres de la race humaine.

par *HaShem Elokim* dans Genèse 3 v.15. Il était en bonne voie pour le faire, aussi *Elokim* a détruit le monde par l'eau et a emprisonné ces démons[33], puis a repris Son projet avec Noé et sa famille. C'est de cette manière que Satan a répondu à la prophétie de *HaShem Elokim* dans Genèse 3 v.15.

Ce qu'il faut comprendre, c'est que l'humanité est l'otage dans un conflit céleste entre D.ieu et Satan, anciennement *chérubin oint*, qui continue maintenant à se rebeller ouvertement contre son Créateur. Satan est le dieu de ce monde et du système mondial actuel et il est en guerre ouverte contre *HaShem* le Créateur. En tant que peuple juif, vous êtes l'épicentre de ce conflit. Ce conflit permanent est à l'origine de l'antisémitisme mondial d'aujourd'hui. Satan ne veut pas que le rédempteur promis par D.ieu devienne le Prince de la Paix légitime promis dans Ésaïe 9 v.6 [5]. Alors que Satan va échouer en fin de compte, il fera tout son possible pour empêcher que le Messie mette fin à son règne sur la terre. Le talon du Messie écrasera la tête de Satan, comme le prophétise Genèse 3 v.15.

Genèse 22 v.18

On trouve encore la **Semence** avec l'appel d'Abraham dans Genèse 12 v.1-3, 7. Dans l'alliance abrahamique, *HaShem* promet à Abraham qu'il aura une descendance pour toujours, et vous, le peuple juif d'aujourd'hui, vous faites partie de l'accomplissement de cette promesse. Cependant, dans Genèse 14, Abraham s'inquiète de ne pas avoir de descendance du tout. Dans Genèse 21 v.1-3, Abraham reçoit la promesse d'une descendance et cette descendance par

---

[33] Voir dans le Nouveau Testament, les épîtres de Pierre et de Jude : II Pierre 2 v.4-5 ; Jude v.6-7

Isaac est confirmée dans Genèse 21 v.12. Puis, dans Genèse 22 v.18, Abraham se voit promettre une **Semence**, et cela bien après la naissance d'Isaac alors que celui-ci a près de 25 ans. Or, dans le *Tanakh*, la semence est toujours au singulier, qu'il s'agisse d'une semence absolue ou d'une semence composée. Abraham reçoit la promesse que sa descendance sera comme les étoiles du ciel et le sable sur le rivage de la mer, et il s'agit d'une descendance sous forme plurielle et cependant au singulier. Mais dans Genèse 22 v.18, la promesse de la **Semence** est un singulier absolu qui fait référence à la **Semence** que *HaShem Elokim* a prophétisée dans Genèse 3 v.15.[34] Déjà dans les temps anciens, les patriarches cherchaient la **Semence** promise, qui sera à l'avenir le Messie de leur avenir.

La Semence engendrera un roi de Juda

Genèse 49 v.9-10

Ensuite, la **Semence** promise est identifiée par Jacob dans Genèse 49 v.9-10 comme étant un roi issu de la tribu de Juda :

> [9] *Juda est un jeune lion. Tu es monté d'auprès de la proie, mon fils. Il se courbe, il se* **couche comme un lion***, et comme une lionne ; qui le fera lever ?* [10] *Le sceptre ne se retirera point de* **Juda***, ni un législateur d'entre ses pieds,* **jusqu'à ce que Shilo vienne** *; et* **à lui sera l'obéissance des peuples***.*

Ce passage nous permet de comprendre que la **Semence** viendra par la tribu de Juda. Jacob fait également trois déclarations générales concernant la **Semence** à venir.

---

[34] Voir le Nouveau Testament, épître aux Galates 3 v.16, 19.

- Tout d'abord, le sceptre, la **royauté** de cette **Semence**, viendra de la tribu de Juda. Cette prophétie de Jacob est intéressante, car Juda devra avoir l'autorité de diriger lorsque le **Roi** viendra.

- Deuxièmement, Juda devra conserver son identité propre en tant que tribu. Il y a eu un moment dans l'histoire juive où toutes les archives généalogiques des tribus d'Israël, y compris de celle de Juda, ont été détruites ; cela eut lieu en 70 de notre ère lorsque les Romains ont brûlé le temple. Depuis cette date dans l'histoire d'Israël jusqu'à aujourd'hui, aucun Juif ne peut identifier sa tribu d'origine, à l'exception de la tribu de Lévi. Mais même eux n'ont pas de généalogie claire. L'identité tribale et surtout l'identité de Juda ont été perdues. Cela signifie que le Messie, le **Roi**, devait venir tant que Juda avait encore la direction gouvernementale et que la généalogie de Juda était encore distinctive. Il devait venir avant la destruction de la ville et du sanctuaire [Temple].

- Troisièmement, l'expression *Jusqu'à ce que Shilo vienne* ou *Jusqu'à ce que vienne le Shilo* ne figure pas dans les textes les plus anciens du *Tanakh*. Shilo est utilisé pour détourner l'attention du sens réel. Tout d'abord, le mot Shilo n'est pas le nom propre d'une personne, mais le lieu où le Tabernacle a été dressé pour la première fois dans le pays. Les rabbins associent *Shilo* à *Shilyah*, qui est le sac amniotique dans l'utérus où le fœtus se forme. Les rabbins associent ces deux mots pour montrer que le Messie naîtra d'une femme et n'aura donc pas d'origine divine. Cependant, Genèse 3 v.15 indique clairement que la semence de la femme provient d'une femme et n'est pas le fruit de l'union sexuelle entre un homme et une femme ; il s'agit de quelque chose de surnaturel qui se produit, mais qui n'est pas expliqué. Moïse dans Genèse 3 parle clairement de ce point, utilisant la compréhension qu'en a Ève dans Genèse 4, celle qu'en a Lémec dans Genèse 5 et la tentative de corruption de la **Semence** à naître par Satan dans Genèse 6. De plus, la Septante, les Manuscrits de la mer Morte et la version syriaque (Peshitta), qui sont tous des écrits plus anciens de 1000 ans ou plus que le texte massorétique, n'utilisent pas le mot *Shilo*. L'expression indiquée dans Ézéchiel 21 v.27 permet d'illustrer qui est le « Shilo », et Genèse 49 v.10 devrait être traduit par l'expression *jusqu'à ce que vienne celui à qui elle appartient*. Citons deux versions de Genèse 49 v.9-10 beaucoup plus anciennes que le texte massorétique :

> *Un dirigeant ne disparaîtra pas de Juda, ni un prince de ses reins, jusqu'à ce qu'arrivent les choses qui lui sont réservées ; et il est l'attente des nations.* (Septante LXX)

> *Le sceptre ne s'éloignera pas de Juda, ni le législateur d'entre ses pieds, jusqu'à l'avènement de Celui à qui appartient le sceptre, de celui que les païens attendront avec impatience.* (Peshitta, version syriaque)

Ainsi, lorsque vient la **Semence** à laquelle appartient le sceptre, c'est vers le **Roi**, le Messie, que le peuple doit se rassembler. Cela montre que Moïse a écrit que le **Roi** Messie viendra avant que Juda ne perde son identité tribale. Cette perte d'identité s'est produite en 70 de notre ère, lorsque les Romains ont détruit *la ville et le lieu saint* (prophétisé dans Daniel 9 v.26) et que tous les documents généalogiques ont été détruits.

Le thème de la **Foi** ne doit pas être négligé alors que nous traitons des thèmes de la **Semence** et du **Roi**. La foi ou le fait de croire aux paroles de *Elohim* nous amène à marcher dans ses voies. Voyez combien les personnages principaux des Livres de Moïse sont des hommes de **Foi** :

- Abel vécut par la **Foi** — Genèse 4.
- Hénoc marcha par la **Foi** en *Elokim* — Genèse 5.
- Noé vécut par la **Foi** et fut trouvé juste dans sa génération — Genèse 6-9.
- Abraham vécut par la **Foi** et fut appelé par *Elokim* Son ami (II Chroniques 20 v.7 ; Ésaïe 41 v.8) et Il le lui imputa à justice — Genèse 15 v.6.
- Isaac marcha par la **Foi** — Genèse 21-27, 35.
- Jacob marcha par la **Foi** avec une exception, celle d'avoir trompé son père Isaac — Genèse 25-49.
- Joseph vécut par la **Foi** et *Elokim* l'utilisa pour assurer la protection et la sécurité de son père, de ses frères et de sa famille — Genèse 37-50.
- Moïse marcha par la **Foi** et eut une relation unique avec *HaShem* ; il était connu comme l'homme qui connaissait Dieu face à face — Deutéronome 34 v.10.
- Israël a été testé par HaShem pour voir s'il marcherait dans la **Foi** devant Lui. Parfois, ce fut le cas, mais bien souvent Israël n'a pas cru et n'a pas fait confiance à *HaShem* ; deux incidents sont parlants. L'un d'eux est l'épisode de l'adoration du veau d'or alors que Moïse se trouve sur le mont Sinaï et reçoit la Loi et le modèle de construction du Tabernacle (Exode 32 v.1-10). L'autre anecdote concerne l'incrédulité et la rébellion d'Israël alors que le peuple est prêt à entrer en Canaan et qu'il se laisse influencer par le rapport négatif de la majorité

des espions qui ont été envoyés pour explorer le pays (Nombres 14 v.1-12).

- Le thème de la **Foi** est illustré dans Nombres 14 v.11, alors que *HaShem* parle à Moïse en ces termes :

> *Jusques à quand ce peuple-ci me méprisera-t-il, et jusques à quand ne me croira-t-il pas, après tous les signes que j'ai faits au milieu de lui.*

Le thème de la **Foi** est prédominant dans les livres de Moïse, et on le retrouve dans Josué, Boaz et Ruth, Samuel, David, Nathan, Élie, Élisée et bien d'autres dans les Écrits et les livres des Prophètes.[35]

Nombres 24 v.9, 17

La prophétie majeure suivante sur la **Semence** en relation avec le **Roi** se trouve dans Nombres 24 v.9, 17 où *HaShem* prend le contrôle de la bouche de Balaam alors qu'il tente de maudire Israël. Il finit par bénir Israël, à sa grande consternation ainsi qu'à celle du roi de Moab. Tirés de la longue série des oracles de Balaam, voici deux versets qui parlent de la **Semence** et du **Roi** :

> *⁹Il s'est courbé, il s'est couché comme un lion, et comme une lionne, qui le fera lever ? Bénis sont ceux qui te bénissent, et maudits sont ceux qui te maudissent.*
>
> *¹⁷ Je le verrai, mais pas maintenant ; je le regarderai, mais pas de près. Une **étoile** surgira de Jacob, et un **sceptre** s'élèvera d'Israël, et transpercera les coins de Moab, et détruira tous les fils de tumulte.*

---

[35] Voir le Nouveau Testament, épître aux Hébreux, chapitre 11.

HaShem annonce par la bouche de Balaam une prophétie sur le **Roi** et l'associe à la bénédiction de Jacob sur Juda dans Genèse 49 v.9 en utilisant l'image du lion couché.

> *⁹ Juda est un jeune lion. Tu es monté d'auprès de la proie, mon fils. Il se courbe, il se* **couche comme un lion**, *et comme une lionne ; qui le fera lever ?*

Mais *HaShem*, également par la bouche de Balaam, associe la **Semence** et le **Roi** à l'alliance abrahamique qui, dans Genèse 12 v.3 déclare : *Et je bénirai ceux qui te béniront, et je maudirai ceux qui te maudiront.* Ensuite, au verset 17[36], Il réaffirme que de Jacob sortira une *étoile*, un *sceptre*. La promesse continuellement renouvelée concernant la **Semence** et le **Roi** couvre les livres de Moïse qui constituent la *Torah*. Cette **Semence** unique est déjà attendue par la nation d'Israël à l'époque de Moïse, lors de l'exode d'Égypte.

La Semence Roi sera un Prophète

Deutéronome 18 v.15-19

Le dernier passage concernant la Semence qui sera le Roi vient de Moïse dans Deutéronome 18 v.15-19, passage dans lequel il continue d'élucider la **Semence** et le **Roi** avec le mot **Prophète**. Moïse écrit :

> *¹⁵* **L'Éternel, ton Dieu, te suscitera un prophète comme moi, du milieu de toi, d'entre tes frères** *;* *¹⁶ vous l'écouterez, selon tout ce que tu demandas à l'Éternel, ton Dieu, à Horeb, le jour de la congrégation, disant, Que je n'entende plus la voix de l'Éternel, mon Dieu, et que je ne voie plus ce grand feu, afin que je ne meure pas. ¹⁷ Et l'**Éternel**

---

[36] Voir dans le Nouveau Testament, Évangile selon Matthieu 2 v.1-12.

> **me dit**, *Ils ont bien dit ce qu'ils ont dit.* [18] **Je leur susciterai un prophète comme toi**, *du milieu de leurs frères, et* **je mettrai mes paroles dans sa bouche**, *et* **il leur dira tout ce que je lui commanderai.** [19] *Et il arrivera que l'homme qui n'écoutera pas mes paroles, qu'***il dira en mon nom**, *moi, je le lui redemanderai.*

Dans ce passage, Moïse, donne des conseils à Israël sur la manière d'identifier un faux prophète d'un vrai prophète (versets 20-22). Au verset 15, Moïse dit au peuple qu'à l'avenir, *Hachem* suscitera un **Prophète** comme lui. Puis, aux versets 18 et 19, *HaShem* donne des informations complémentaires sur ce **Prophète**. La question qui doit être posée est : « En quoi ce **Prophète** sera-t-il *comme Moïse* ? » Une chose est évidente ; Il prononcera les paroles mêmes de D.ieu, tout comme l'a fait Moïse. Les rabbins ont dit beaucoup de choses à ce sujet, mais ils sont passés à côté de l'essentiel. En quoi ce futur Prophète sera-t-il semblable à Moïse ?

Nombres 12 v.5-8

Pour répondre à la question de savoir en quoi le **Prophète** sera *comme Moïse*, il faut se rendre dans Nombres 12 v.5-8. Ce passage traite de la rivalité qui oppose Moïse à son frère Aaron et sa sœur Miriam :

> [5] *Et l'Éternel descendit dans la colonne de nuée, et se tint à l'entrée de la tente ; et il appela Aaron et Marie, et ils sortirent eux deux.* [6]*Et il dit, Écoutez mes paroles, S'il y a un prophète parmi vous, moi l'Éternel, je me ferai connaître à lui en* **vision**, *je lui parlerai en* **songe**. [7]**Il n'en est pas ainsi de mon serviteur Moïse**, *qui est fidèle dans toute ma maison ;* [8] *je parle avec lui* **bouche à bouche**, *et en me révélant clairement, et non en énigmes ; et* **il voit la ressemblance de l'***Éternel**. Et pourquoi n'avez-*

vous pas craint de parler contre mon serviteur, contre Moïse ?

Dans cette déclaration, *HaShem*, la présence de la *Shechinah* de *Elokim*, annonce à Aaron et Miriam deux choses très importantes qui montrent le caractère unique de Moïse, préfigurant ce que sera ce futur **Prophète.** Au verset 8, *HaShem* déclare que : (1) Il parle *bouche à bouche* ou **face à face** avec Moïse, et (2) Moïse voit de façon visible **la ressemblance de *HaShem.*** C'est ce qu'il y a d'unique chez Moïse. Nul autre prophète ne pouvait se prévaloir de ces qualifications, ni Samuel, ni Élie ou Ésaïe, ni Jérémie, ni Daniel ou Zacharie. Aussi grands qu'ils soient, ils n'ont jamais pu revendiquer ces deux caractéristiques uniques à Moïse, car elles lui sont propres.

Le **Prophète** de Deutéronome 18 v.18-19 s'entretiendra avec *HaShem* face à face, et il contemplera la forme même de *HaShem*. Qui sera-t-Il ? [37] Il y a un indice dans Deutéronome 18 v.16-17 précédemment cité). Ici, *HaShem*, le *Elokim* d'Israël déclare à Moïse qu'il est bon pour Israël d'être confronté à une approche moins terrifiante de D.ieu, car à l'avenir, D.ieu parlera à Israël par l'intermédiaire de Son **Prophète**. Ce qu'il y a d'unique avec ce **Prophète** c'est qu'Il viendra tel Dieu Lui-même, en chair, et parlera directement à Israël avec la voix d'un homme et non par la *Shechinah* comme ce fut le cas sur le mont Sinaï, rencontre qui terrifia le peuple. Il ne faut pas perdre de vue que le Prophète parlera face à face avec *HaShem* et que **ce Prophète** contemplera *la ressemblance de HaShem*.

Ainsi, Moïse parle de la **Semence** liée à une naissance surnaturelle selon Genèse 3 v.15 (comme nous l'aborderons

---

[37] Voir le Nouveau Testament, Évangile selon Jean 1 v.18 ; 5 v.37, 39, 46 ; 6 v.46 ; 10 v.30-38 ; 14 v.8-9.

plus tard avec Ésaïe 7 v.14), du **Roi** qui doit venir alors que Juda a encore son identité tribale, et du **Prophète** comme Moïse qui parlera directement avec *HaShem* face à face et qui verra même Sa forme. C'est un point très important et significatif à méditer, car Moïse passe de la **Semence** au Roi, puis au **Prophète**, alors qu'il met en avant la divinité de cette Semence à venir. En fait, c'est précisément sur ce point que les prophètes après Moïse se concentrent, la divinité et l'humanité du **Prophète**, en développant ce que Moïse a dit.

Deutéronome 34 v.9-12

Voici un dernier passage tiré des Livres de Moïse à examiner avant de passer aux sections des Prophètes et des Écrits des Écritures hébraïques.

Il faut remarquer que les deux derniers chapitres du livre du Deutéronome n'ont pas pour auteur Moïse, mais qu'ils ont été annexés par un autre auteur. Nous voyons ce changement essentiellement dans Deutéronome 33 v.4, où il est dit : *Moïse nous a commandé une loi…* On remarque que le changement de pronoms introduit une autre personne. Nous ne savons pas qui est cette personne, mais nous avons un candidat possible. Dans Deutéronome 34 v.9-12, il est déclaré :

*⁹ Et Josué, fils de Nun, était rempli de l'esprit de sagesse, car Moïse avait posé ses mains sur lui ; et les fils d'Israël l'écoutèrent, et firent comme l'Éternel l'avait commandé à Moïse. ¹⁰**Et il ne s'est plus levé en Israël de prophète tel que Moïse, que l'Éternel ait connu face à face**, ¹¹selon tous les signes et les merveilles que l'Éternel l'envoya faire dans le pays d'Égypte contre le Pharaon et tous ses serviteurs et tout son pays, ¹²et selon toute cette main forte, et selon tous les terribles prodiges que fit Moïse aux yeux de tout Israël.*

Le verset 10 souligne qu'*il ne s'est plus levé en Israël de prophète tel que Moïse, que l'Éternel ait connu face à face.* À noter que l'auteur confirme le caractère unique de Moïse selon *HaShem* et qu'aucun autre prophète ne peut être comparé à Moïse jusqu'au **Prophète** à venir.

Il y a des années, on m'a enseigné que l'auteur de ce passage était probablement Josué, mais plus j'étudie le texte, plus j'en viens à la conclusion qu'il s'agit de quelqu'un d'autre. Vous pouvez vous demander pourquoi. Mon raisonnement est le suivant : Il faudrait qu'un certain temps se soit écoulé entre Moïse et l'auteur pour que le verset 10 ait du sens. Étant donné que Josué est le successeur immédiat de Moïse, si Josué est l'auteur, le verset 10 n'a pas de sens. Cet ajout n'a de sens que si quelqu'un tel qu'Esdras, des centaines d'années plus tard, entre le 6e et le 5e siècle avant notre ère, parcourt l'histoire d'Israël depuis Moïse jusqu'à lui et dise qu'*il ne s'est plus levé en Israël de prophète tel que Moïse, que l'Éternel ait connu face à face.* Le texte aurait alors du sens.

La *Torah*, à savoir les cinq livres de Moïse, se termine donc par une déclaration selon laquelle la **Semence**, le **Roi**, et le **Prophète**, que nous pouvons maintenant logiquement identifier au Messie, n'est pas encore venu à ce moment-là de l'histoire. Sa future apparition n'est pas encore révélée. Dans les passages qui suivent, les paroles de Moïse sont développées par les Prophètes qui reçoivent de *HaShem* des paroles précisant le caractère, la nature et le calendrier de la venue tant attendue de la **Semence**, du **Roi** et du **Prophète**, le Messie d'Israël.

Chapitre Huit :
Le Messie : Semence, Roi et Prophète dans les Prophètes

L'examen des sections des Prophètes et des Écrits indique qu'elles sont liées à la Loi écrite de Moïse, car elles font référence aux commandements que *Hachem* a donnés à Israël par l'intermédiaire de Moïse. La démarche intérieure consiste à vivre les commandements de *HaShem* chaque jour par la **Foi** venant du cœur (Deutéronome 6 v.5). Le fruit de cette démarche se traduit par une démonstration extérieure de la **Foi** au travers d'œuvres quotidiennes, fruit de l'obéissance aux 613 lois de Moïse. Le thème de la **Foi** est prédominant chez Moïse, et il se poursuit dans la vie de Josué et d'autres hommes tels que Samuel, David, Élie et Daniel, pour n'en citer que quelques-uns. Josué a déjà fait preuve de fidélité à l'*Éternel* tout au long de sa vie, en particulier à Kadesh-Barnéa (Nombres 13 v.30 ; 14 v.6-9). Il démontre à nouveau sa **Foi** en suivant les instructions du Commandant de l'armée de l'Éternel lorsque les murs de Jéricho s'écroulent dans Josué 6. On a ici le lien ou la charnière entre la section de la Loi et celle des Prophètes du *Tanakh* :

> *Que ce livre de la loi ne s'éloigne pas de ta bouche,* **et médite-le jour et nuit,** *afin que* **tu prennes garde à faire selon tout ce qui y est écrit ;** *car*

alors *tu feras réussir tes voies, et alors tu prospéreras.* (Josué 1 v.8).

La section des Prophètes du *Tanakh* commence par une mise en garde que la loi ne doit pas sortir de votre bouche mécaniquement comme un acte fabriqué, mais que Sa Parole doit saturer votre cœur. Vous devez ainsi méditer la Loi écrite et l'observer, ce qui vous assure prospérité et succès. Quelle merveilleuse promesse !

Il y a deux lois différentes que vous connaissez : la Loi écrite de Moïse et ce que les rabbins appellent la Loi orale de Moïse. Cependant, il n'y a aucune preuve dans les livres de Moïse [*Torah*] ou dans les sections des Prophètes et des Écrits qu'une telle Loi orale existe. Cette Loi orale est une création des rabbins de la période du Second Temple (450 av. J.-C.-70 apr. J.-C.), et non de Moïse.

Revenons maintenant à Josué. Considérez la fin de la vie de Josué dans Josué 24, alors qu'il passe en revue tout ce que *HaShem* a accompli pour Israël et qu'il demande à Israël de choisir entre servir les dieux étrangers et servir le D.ieu vivant d'Israël. Remarquez qu'à la fin du verset 15, Josué dit : « *Mais moi et ma maison, nous servirons l'Éternel.* » Et quelle est la réponse d'Israël à Josué au verset 24 :

Et le peuple dit à Josué, Nous servirons l'Éternel, notre Dieu, et nous écouterons sa voix.

Pour la deuxième fois, Israël s'engage à observer les paroles de Josué et à obéir à la loi de *HaShem*, mais que se passe-t-il ? Après la mort de Josué et des anciens qui lui ont survécu, Israël ne reçoit toujours pas la bénédiction de *HaShem* parce qu'il n'observe pas Sa loi. Israël n'a pas médité la Loi écrite de *HaShem* et n'a pas observé le *Sh'ma*, en particulier le verset 5. Si le verset 5 n'est pas respecté, le reste du *Sh'ma* n'est qu'un acte mécanique, un acte religieux factice pour *HaShem*.

La même corrélation existe avec la méditation de la Parole de *HaShem* dans la section des Écrits ; nous le verrons après avoir passé en revue la section des Prophètes. Vivre la loi de D.ieu avec obéissance vient du cœur, ce qui est essentiel pour avoir la bénédiction de *HaShem*. Reprenons le thème de la **Semence**, du **Roi** et du **Prophète** concernant le futur fils de David, le Messie ou *Moshiach*. L'aspect absolument singulier de la **Semence** dans les Prophètes est encore davantage centré sur la personne qui viendra, qui est en particulier le Roi et le Prophète. Le passage suivant précise à nouveau l'objectif de *Elokim* quant à l'identité de cette **Semence**, de ce **Roi** et de ce **Prophète** qui vient.

II Samuel 7 et I Chroniques 17

Le passage qui suit est cité à la fois dans les sections des Prophètes et des Écrits du *Tanakh*. Ces deux passages, celui de II Samuel 7 v.11 b-17 et celui de I Chroniques 17 v.10 b-15 sont être comparés :

> *¹¹ᵇ... et l'Éternel t'annonce que l'Éternel te fera une maison. ¹²Quand tes jours seront accomplis et que tu dormiras avec tes pères, je susciterai après toi* **ta semence, qui sortira de tes entrailles,** *et j'affermirai son royaume. ¹³Lui, bâtira une maison à mon nom ; et* **j'affermirai le trône de son royaume pour toujours.** *¹⁴Moi, je lui serai pour père, et lui me sera pour fils,* **s'il commet l'iniquité,** *je le châtierai avec une verge d'hommes et avec des plaies des fils des hommes ; ¹⁵mais ma bonté ne se retirera point de lui,* **comme je l'ai retirée d'avec Saül,** *que j'ai ôté de devant toi. ¹⁶Et ta maison et* **ton royaume** *seront rendus stables à toujours devant toi, ton trône sera affermi pour toujours. ¹⁷Nathan*

parla ainsi à David, selon toutes ces paroles et selon toute cette vision. (II Samuel 7 v.11 b-17)

¹⁰ᵇ Et je t'annonce que l'Éternel te bâtira une maison. ¹¹Et il arrivera, quand tes jours seront accomplis pour t'en aller vers tes pères, **que je susciterai après toi ta semence** [David], *qui sera* **un de tes fils**, *et* **j'affermirai son royaume**. *¹²Lui, me bâtira une maison ; et* **j'affermirai son trône pour toujours**. *¹³Moi, je lui serai pour père, et lui me sera pour fils ; et je ne retirerai pas d'avec lui ma bonté, comme je l'ai retirée de celui qui a été avant toi ; ¹⁴et* **je l'établirai dans ma maison et dans mon royaume à toujours**, *et* **son trône sera affermi pour toujours**. *¹⁵Nathan parla ainsi à David, selon toutes ces paroles et selon toute cette vision. (I Chroniques 17 v.10b-15)*

Les paroles de *HaShem* concernant l'alliance davidique sont transmises par la bouche du prophète Nathan ; *Elokim* promet que David ne manquera jamais d'un homme, d'un descendant pour occuper le trône de David (Jérémie 33 v.17).

À noter les passages semblables et les passages différents qu'il y a dans les deux textes de II Samuel 7 et I Chronique 17.

En ce qui concerne les passages semblables :

1. Je bâtirai à David une maison ou dynastie ;

2. Son royaume et son trône seront établis pour toujours ;

3. *HaShem* sera son père ;

4. Il sera le fils de *HaShem* ;

5. La bonté de *HaShem* ne lui sera pas ôtée ;

6. Il Me bâtira une maison.

En ce qui concerne maintenant les différences entre les deux passages, II Samuel 7 et I Chronique 17 :

1. Il sera issu directement de David dans Samuel, mais il sera issu des fils de David dans Chroniques ;

2. Le péché est mentionné dans Samuel — aucun péché n'est mentionné dans Chroniques ;

3. Il l'établira dans ma maison et dans mon royaume à toujours ;

4. Il est un fils éternel parce que sa maison, son trône et son royaume seront établis pour toujours dans Ma maison.

Ces deux passages sur l'alliance davidique parlent de deux personnes issues de David. Le passage de Samuel présente le roi Salomon, qui est issu directement de David. Bien que Salomon ait péché contre *HaShem*, le Seigneur ne s'est pas éloigné de lui comme il l'a fait pour le roi Saül. Salomon a construit le temple de Jérusalem.

Le deuxième passage, celui des Chroniques concerne le Messie, car il est issu **des fils** de David, quelque temps après la vie de David, et celui-ci ne commet pas de péché comme c'est le cas de Salomon. Il est installé dans la maison de *HaShem*, montrant ainsi l'éternité de ce fils. C'est ce fils de David qui construira le Temple millénaire (Zacharie 6 v.12-13) à Jérusalem dans le futur. Nous lisons dans les évangiles de Matthieu et de Luc du Nouveau Testament [38] que Joseph, le beau-père terrestre de *Yéchoua*, est un descendant de

---

[38] Voir les Évangiles selon Matthieu et selon Luc du Nouveau Testament : Matthieu 1 v.1-17 et Luc 3 v.23-38.

Salomon, alors que le père de Marie [Miriam], Héli, est issu de David par un autre des **fils** de David, Nathan. Dans les Chroniques, nous voyons que le Messie ne doit pas venir de Salomon, mais de l'un des autres **fils** de David.

Un autre point développé dans les Psaumes par David, dans les Proverbes et dans Ésaïe est également à souligner : *Elokim* est son Père ; ce Messie est le Fils de *HaShem*. Nous le verrons alors que ces passages du *Tanakh* seront abordés.

Le Prophète Ésaïe

Les prophètes mentionnés dans Samuel et dans les Rois sont appelés les anciens prophètes. Ils n'ont pas laissé de prophéties écrites et, à l'exception du prophète Nathan, ils n'ont pas dit grand-chose sur la **Semence**, le **Roi** et le **Prophète** qui sera le Messie d'Israël. Les anciens prophètes ont traité de ce qui concerne certains rois de Juda : Saül, David et Salomon. Après la division du royaume, les prophètes Élie et Élisée ont exercé leur ministère en Israël (les dix tribus du Nord) et en Juda (les deux tribus du Sud, Juda et Benjamin). Après la division, Israël au nord n'a pas eu de roi qui obéissait aux ordres de *HaShem* et qui marchait à Sa suite. Le premier roi des tribus du Nord, Jéroboam, mit en place une forme corrompue du culte de *HaShem*. Ce péché est semblable à celui de l'adoration du veau d'or pratiquée dans le désert qui irrita *HaShem*. Comparez I Rois 12 v.25-33 avec Exode 32 v.7-35.

Jéroboam, dans I Rois 12 v.28, cite exactement ce que dit Aaron lorsqu'il confectionne le veau d'or dans Exode 32 v.4 : *Voici tes dieux, Israël ! qui t'ont fait monter du pays d'Égypte.* Par contre, Juda eut quelques bons rois et aussi quelques mauvais rois, de sorte que les premiers prophètes, tels qu'Élie et Élisée, décrits dans les livres des Rois, parlent de l'apostasie d'Israël et avertissent Juda de ne pas le suivre dans le même chemin. Mais Juda n'écoute pas. Même s'il y eut quelques bons rois, la repentance n'a jamais été à la hauteur de son apostasie. Ce fut une chute cyclique.

Ésaïe est un prophète qui a publié, et son ministère est contemporain des rois Achaz et Ézéchias, deux rois de Juda, le premier étant un roi très méchant, le second un très bon roi. Ésaïe a vu les signes avant-coureurs et il a compris que Juda s'enfonçait dans le péché et l'apostasie qui avaient conduit à la destruction d'Israël dans le nord. Il a donc beaucoup à dire sur le jugement et l'espérance. Référence doit être faite aux cinq premiers chapitres d'Ésaïe parce que le judaïsme rabbinique enseigne que chaque être humain n'est pas l'héritier du péché d'Adam. Il y a ce que l'on appelle la nature pécheresse, c'est-à-dire que le péché est imputé à tous les descendants d'Adam et d'Ève à cause du péché commis dans le jardin d'Éden. Pourtant, les rabbins ont transmis au peuple juif le produit de leur imagination appelé *l'inclination au bien* (*yetzer ha-tov*) et *l'inclination au mal* (*yetzer ha-ra*) pour éviter la question de l'imputation d'une nature pécheresse. Cependant, les Écritures hébraïques regorgent de versets et d'exemples de la dépravation d'Israël et de Juda et du cœur pécheur de l'homme, qui sont clairement exposés dans les cinq premiers chapitres d'Ésaïe ainsi que dans Ésaïe 59 v.1-15 lorsqu'il parle d'Israël (Juda). À cause du péché, nos bonnes œuvres n'ont aucun mérite devant un D.ieu saint; en fait, dans Ésaïe 64 v.6, *HaShem* compare toutes les bonnes œuvres de l'homme à des vêtements souillés (à des linges menstruels impurs).

Dans les chapitres 1 à 5 d'Ésaïe, *HaShem* dresse un rapport cinglant et un acte d'accusation contre Juda; ce n'est pas une belle image. Si vous possédez un *Tanakh*, allez dans Ésaïe et lisez les cinq premiers chapitres. Cela permet de préparer le terrain aux écrits des prophètes qui sont examinés.

Ésaïe 7-12 — Le Livre d'Emmanuel

Parmi les six passages qui suivent et qui sont tirés du livre d'Ésaïe, trois d'entre eux sont pris dans les chapitres 7 à 12, que l'on appelle ensemble le livre de l'Emmanuel. *Emmanuel* veut dire *D.ieu avec nous*[39] ; les trois autres passages se trouvent dans Ésaïe 49, 50 et 53.

Naissance du Messie — Ésaïe 7 v.14

Le premier passage est tiré d'Ésaïe 7, mais avant de citer les versets, il convient de se pencher brièvement sur le contenu d'Ésaïe 7 v.13-14. Si vous possédez un *Tanakh*, commencez la lecture au verset 1 et poursuivez-la jusqu'au verset 16.

Ésaïe est chargé par *HaShem* d'aller à la rencontre du méchant roi Achaz de Juda, et il lui est demandé d'emmener son fils Shear-jashub avec lui (v. 3). Le nom de son fils signifie « un reste reviendra ». Achaz est très inquiet, car il sait que la Syrie et Israël complotent pour attaquer Jérusalem, le déposer et le remplacer par quelqu'un qui n'est pas de la maison de David. La Syrie et Israël veulent que Juda combatte à leur côté face à la menace croissante de l'Assyrie, mais le roi Achaz refuse de coopérer avec eux. Il est très inquiet, car il sait qu'il ne pourra pas résister à une attaque coordonnée de la Syrie et d'Israël, aussi, il vérifie ses fortifications et son approvisionnement en eau. Par l'intermédiaire d'Ésaïe, *HaShem* dit alors au roi Achaz que la menace à venir ne réussira pas à l'atteindre, et qu'en fait, ses adversaires seront détruits avant d'avoir pu accomplir

---

[39] Voir le Nouveau Testament, Évangile selon Matthieu 1 v.20-23.

leur dessein. Or, *HaShem* déclare par l'intermédiaire d'Ésaïe qu'il donnera au roi Achaz tout signe qu'il Lui demandera afin de lui confirmer que le trône de David est en sécurité. Achaz refuse le signe parce qu'il ne veut pas être redevable à *HaShem*. Par l'intermédiaire d'Ésaïe, *HaShem* lui donne tout de même un signe. Une attention particulière doit être portée à l'usage du singulier et du pluriel dans les six versets qui suivent. Dans Ésaïe 7 v.10-12, Ésaïe s'adresse au roi Achaz au **singulier**, mais dans les versets 13 et 14, il s'adresse au **pluriel** à la maison de David, c'est-à-dire à toute la maison de David. Aux versets 15 et 16, Ésaïe s'adresse à nouveau au roi Achaz, en utilisant des pronoms au **singulier,** car, une fois de plus, *HaShem* s'adresse par l'intermédiaire d'Ésaïe au roi Achaz uniquement, et non pas à la maison de David dans son ensemble. Pour dire les choses simplement :

- Dans les versets 10 à 12, Ésaïe utilise des **pronoms au singulier** et il s'adresse directement **à Achaz**.

- Aux versets 13-14, Ésaïe utilise des **pronoms au pluriel** et il s'adresse à la **maison de David**.

- Aux versets 15-16, Ésaïe revient aux **pronoms au singulier,** car il s'adresse à nouveau directement au **roi Achaz**.

Ésaïe s'adresse à deux auditoires. Ces pronoms jouent un rôle important dans la compréhension du passage. Aux versets 13-14, passage qui nous intéresse, *HaShem* ne s'adresse pas seulement au roi Achaz, mais à toute la maison de David, donnant à Achaz et à la tribu de Juda le signe suivant :

[13] Et il dit, Écoutez donc, maison de David, Est-ce peu de chose pour vous de lasser la patience des hommes, que vous lassiez aussi la patience de mon Dieu ? [14] C'est pourquoi le Seigneur, lui, vous

donnera un signe, Voici, la vierge concevra et elle enfantera un fils, et appellera son nom Emmanuel.

Ce signe s'adresse à toute la maison de David, dont fait partie le roi Achaz. Ce verset a suscité de nombreuses controverses parmi les rabbins et les juifs au cours des siècles, ainsi que parmi les chrétiens libéraux non croyants des 200 dernières années. Examinons individuellement les mots en italique du texte.

Tout d'abord, il faut remarquer qu'il s'agit de la maison de David. Deuxièmement, le mot *Voici* est placé au verset 14. Ce mot est un participe présent hébreu indiquant un acte de *HaShem* qui est encore à venir, et il est très important de le comprendre. Troisièmement, examinons les mots *jeune femme* ou *vierge*, qui sont au cœur de ce passage. Le mot *almah* en hébreu désigne une jeune femme qui n'a jamais été mariée et qui est également vierge. Le judaïsme rabbinique est contrarié par ce verset parce que les croyants du Nouveau Testament l'utilisent pour montrer que *Yéchoua* [Jésus] est le Messie d'Israël né d'une *vierge*, accomplissant ainsi la promesse de Genèse 3 v.15. Le judaïsme rabbinique affirme que c'est le mot hébreu *betulah*, et non *almah* qui est utilisé pour nommer une vierge ; cependant, dans le cas de Joël 1 v.8, cela ne fonctionne pas, car le mot *betulah* est utilisé pour désigner une veuve, femme qui serait difficilement une vierge. Ils soutiennent en outre qu'*almah* n'est qu'une jeune femme, alors que le terme *betulah* précise qu'il s'agit d'une jeune femme vierge. Cependant, cette naissance doit être un *signe* de D.ieu. Une jeune femme qui tombe enceinte n'est guère un *signe* de D.ieu ; cela se produit chaque jour dans chaque pays, chaque année et chaque décennie de chaque siècle dans le monde entier. Mais une vierge qui tombe enceinte est un *signe*, et c'est tout à fait unique. Cependant, les rabbins avancent l'idée qu'il s'agit d'une jeune femme alors vivante qui va concevoir et donner naissance à un fils, et ils laissent entendre que ce fils promis est Ézéchias. Ézéchias, même s'il a été un bon roi, n'est pas le Messie promis par les prophètes, car il a été un roi vassal rendant hommage à l'Assyrie (Ésaïe 36), et n'est donc pas un accomplissement prophétique. Ezéchias ne correspond pas non plus au Prophète *semblable à Moïse*, comme le prescrit Deutéronome 18, qui a été examiné au chapitre 6 de cet ouvrage. Le point de vue rabbinique ne coïncide donc pas avec l'ensemble du *Tanakh*.

Allons plus loin dans l'examen : Contrairement à ce qu'affirme le judaïsme rabbinique, *betulah* ne signifie pas en fait une vierge, mais plutôt une jeune femme dans le texte hébreu. Voici deux raisons pour lesquelles la position du judaïsme rabbinique ne peut être tenue pour exacte. Tout d'abord, comme mentionné précédemment dans Joël 1 v.8, une *betulah* est une veuve, et une femme ne peut pas être veuve et vierge à la fois ; le mariage supprime la virginité. Dans Genèse 24 v.16, Rachel, la future épouse d'Isaac, est également appelée *betulah* ; puis Moïse précise *betulah* en disant qu'elle était une *almah*, une vierge (Genèse 24 v.43). *Almah* est utilisé sept fois dans le *Tanakh*, et chaque fois il s'agit d'une vierge.

Un autre point important à souligner est de montrer comment les sages ont compris le verset bien avant que *Yéchoua* [Jésus] ne devienne un sujet d'actualité. Nous découvrons que les rabbins, depuis Rachi jusqu'à nos jours, nient complètement l'enseignement et la compréhension du mot *almah* qu'ont les sages qui les précèdent ; ils ont aussi cette attitude vis-à-vis des sages qui précèdent notre ère. Référence a déjà été faite à la Septante qui a été traduite de l'hébreu en grec de nombreuses années avant la naissance de *Yéchoua* (Jésus). La Septante est devenue la Bible de tous les

Juifs hellénisés en dehors de la Terre d'Israël pendant des siècles. Comment les anciens sages comprenaient-ils le mot *almah* à leur époque, et quel mot grec utilisent-ils lorsqu'ils ont fait leur traduction afin de garder le sens de *almah* ? Le mot grec utilisé est *parthenos*, qui signifie clairement et sans conteste *vierge* en grec. Ainsi, le judaïsme rabbinique d'aujourd'hui ignore le verset ou change son interprétation pour éviter toute possibilité de désigner *Yéchoua* comme le Messie d'Israël né d'une *vierge*. Cette erreur du sens des mots n'est pas honnête ni concernant le texte de la Parole de *Hachem* ni vis-à-vis du peuple juif.

Un autre argument des rabbins est que si ce texte désignait *Yéchoua* [Jésus] qui est né 700 ans plus tard, en quoi cela pourrait-il réconforter Achaz qui avait alors de sérieux problèmes à régler, à savoir sa propre survie et celle de la dynastie davidique ?

Cette question est tout à fait légitime et il faut y répondre. Comme cela a été souligné précédemment, aux versets 13 et 14, Ésaïe fait référence au roi Achaz lorsqu'il utilise des pronoms au singulier et à l'ensemble de la maison de David lorsque les pronoms sont au pluriel. *HaShem* dit à la maison de David que la royauté de la dynastie de David doit être intacte lorsque cette vierge accouchera (Genèse 49 v.10), car il s'agit d'une naissance surnaturelle, à l'image de la **Semence** promise dans Genèse 3 v.15.

Il faut aussi se souvenir de la prophétie de *HaShem Elokim* dans Genèse 3 v.15 sur la **Semence** de la femme qui viendra et vaincra Satan. Ne pas oublier non plus que les femmes n'ont pas de semence, alors comment une vierge peut-elle concevoir ? Humainement parlant, cela est impossible. *HaShem*, qui a donné naissance aux cieux et à la terre par le souffle de Sa bouche (Genèse 1 ; Psaume 33 v.6 ; Ésaïe 43 v.15 ; 44 v.24 ; 48 v.12-13), ne peut-Il pas aussi prononcer une parole pour féconder l'ovule d'une vierge afin d'accomplir une prophétie qu'Il a personnellement annoncée plus de 3 000 ans plus tôt ? N'est-ce pas une tâche simple pour Lui ? *HaShem* précise la prophétie originale de Genèse 3 v.15 en apportant plus d'informations, appelant maintenant, celui qui naîtra *Emmanuel, D.ieu avec nous*. Mais cela n'a toujours aucune conséquence pour le roi Achaz.

Cette prophétie n'a pas de double accomplissement. Il s'agit de deux prophéties différentes qui sont données au roi Achaz et à la maison de David, et non d'une seule comme le pensent la plupart des gens. Dans ces deux prophéties, il y en a une pour un avenir proche, destinée spécifiquement au roi Achaz (versets 15-16), et l'autre pour un avenir lointain, contenant la naissance virginale, destinée à la maison de David dans son ensemble (versets 13-14). Au verset 3, *HaShem* demande à Ésaïe de prendre son fils avec lui. Il ne faut pas l'oublier, car la prophétie contient le calendrier qui concerne l'avenir proche du roi Achaz. Les pronoms sont à nouveau au singulier dans les versets 15-16. Ésaïe semble avoir son jeune fils dans ses bras, probablement un enfant en bas âge, alors qu'il prononce ces deux versets :

¹⁵ Il mangera du caillé et du miel, pour savoir rejeter le mal et choisir le bien. ¹⁶Car avant que **l'enfant sache rejeter le mal et choisir le bien***, le pays des deux rois duquel tu as peur sera abandonné.*

HaShem dit à Ésaïe de prendre son fils Shear-Jashub avec lui afin qu'il puisse l'utiliser dans une leçon permettant de différencier les deux prophéties et réconforter le roi Achaz. Le roi Achaz doit être rassuré par le fait que lorsque cet enfant, le fils d'Ésaïe, saura distinguer le mal du bien, les rois d'Israël et de Syrie ne seront plus une menace pour lui, car l'Assyrie les aura déjà conquis. Ainsi, la menace qui pèse personnellement sur le roi Achaz et collectivement sur la maison de David a disparu.

En résumé, les versets 13 et 14 s'accomplissent dans un avenir lointain (700 ans plus tard) et les versets 15 et 16 s'accomplissent dans un avenir proche avec la destruction d'Israël (les dix tribus du Nord) et de la Syrie. Cela répond à toutes les préoccupations personnelles d'Achaz ainsi qu'à toutes les préoccupations de la maison de David. Cela satisfait le contexte d'Ésaïe et détaille en même temps la première prophétie donnée par *HaShem* Lui-même dans Genèse 3 v.15. Une naissance surnaturelle initiée par *HaShem* Lui-même aura donc lieu.

Avant de passer au passage suivant, que dit *HaShem* à ce stade dans le *Tanakh* au sujet de la *semence de la femme* ?

- Genèse 3 v.15 — issue d'une femme ;
- Genèse 22 v.18 — issue d'une femme juive ;
- Genèse 49 v.10 — issue d'une femme juive de la tribu de Juda qui donnera naissance avant que Juda ne perde son identité tribale ;
- I Chroniques 17 – issue d'une femme juive de la tribu de Juda et de la lignée de David ;
- Ésaïe 7 v.14 — issue d'une vierge juive — la façon miraculeuse dont la **Semence** est conçue.

C'est ce que *HaShem* révèle dans Sa Parole à Son peuple, le peuple juif. Maintenant, commence l'examen des affirmations de Moïse, Nathan et Ésaïe. Moïse présente la **Semence** promise ; Jacob (Genèse 49 v.10) et Balaam (Nombres 24 v.9, 17) présentent la **Semence** promise comme le **Roi**. Si l'on additionne toutes les affirmations, on commence à comprendre que *Elokim* Lui-même Se fera chair et habitera parmi Son peuple en tant que le **Prophète** *semblable à Moïse.* Alors que l'on progresse dans les sections de Prophètes et des Écrits du *Tanakh*, on voit que *HaShem* continue dans Sa Parole à construire ce thème messianique rédempteur en révélant progressivement Son Messie à Israël.

Le Messie — Humain/Divin ? Ésaïe 9 v.6-7 [5-6]

Le passage suivant est également tiré de la section des écrits d'Ésaïe appelée « Livre d'Emmanuel » ; on le trouve dans Ésaïe 9 v.6-7 [5-6] :

> ⁶*Car* **un enfant nous est né**, *un* **fils nous a été donné**, *et le gouvernement sera sur son épaule ; et* **on appellera son nom, Merveilleux, Conseiller, Dieu fort, Père du siècle, Prince de paix.** ⁷*À l'accroissement de* **son empire, et à la paix**, *il n'y aura* **pas de fin**, *sur le trône de David et dans son royaume, pour l'établir et le soutenir en jugement et en justice, dès maintenant* **et à toujours.** *La jalousie de* **l'Éternel des armées fera cela.** (Version Darby)

Ces deux versets contiennent une autre promesse concernant la **Semence** qui sera **Roi** et **Prophète** : celle du Messie. Le passage commence en s'attachant à définir Son caractère et Sa personne. Tout d'abord, un enfant doit naître pour le peuple juif ; ce sera un être humain. Deuxièmement, un fils est donné au peuple juif. Qui donne le fils au peuple juif ? C'est D.ieu qui donne le fils, Son fils, tout comme le prophète Nathan dit à David que le fils des fils de David sera Son fils, selon I Chroniques 17 v.13. Avant d'examiner les attributs donnés à ce fils, il faut comprendre que ce n'est pas le peuple juif qui Le nomme. *HaShem* Lui donne un nom, qui exprime Sa propre gouvernance, Sa seigneurie et Son autorité, et Il les confère à Celui qui va naître, le Messie. Ces noms ne sont pas des noms attribués à un être humain ordinaire, mais à *HaShem* Lui-même. Cependant, dans la traduction de la Bible juive, des mots ont été ajoutés qui masquent le sens du texte. Cela peut surprendre de voir *HaShem* nommer le fils qu'Il donne, mais lorsque nous regardons le descriptif des noms que *HaShem* attribue à Celui qui va naître, nous n'avons aucun doute sur Son identité.

- *Merveilleux Conseiller* : Le mot *merveilleux* est le mot « Pele » [פָּלָא ou פֶּלֶא] qui est réservé à *HaShem* dans le *Tanakh* (Genèse 18 v.14 ; Juges 13 v.18).

- *Dieu fort* ou *El Gibbor :* Ce nouveau-né sera le D.ieu puissant vers lequel Israël reviendra (Ésaïe 10 v.21).

- *Père du siècle (ou Père éternel) :* Ce titre fait référence au Père de l'éternité, qui donne la vie éternelle. (Comparer avec Ésaïe 63 v.16).

- *Prince de Paix* : Tous les Juifs croient que lorsque le Messie viendra, il apportera la paix. Le seul élément de la vie à laquelle tout Juif aspire est la paix.

Ensuite, en poursuivant l'analyse du texte, cet enfant à naître, qui porte dans Son nom des attributs que seul *HaShem* porte, aura sur Ses épaules Son gouvernement et Sa paix qui n'auront *pas de fin*. L'expression *pas de fin* est la combinaison de mots les plus forts de la langue hébraïque pour parler de l'éternité au-delà du temps lui-même. À remarquer que Son gouvernement n'aura *pas de fin* sur le trône de David. Qui fera cela ? *HaShem* Lui-même ! Contrairement à ce qu'enseignent les rabbins, la manifestation visible de *Elokim* naîtra dans la chair humaine en tant que **Semence** qui écrasera Satan. *HaShem* deviendra chair. Contrairement à ce que dit le judaïsme rabbinique, il ne s'agit pas d'un homme devenant D.ieu ; un simple homme NE PEUT PAS devenir D.ieu, mais c'est D.ieu lui-même qui vient dans la chair pour nous racheter. Il doit venir accomplir les alliances conclues avec Abraham, David et la nation d'Israël et, ce faisant, il s'occupe également du péché qui a corrompu cette terre. D'autres passages concernant *le fils* seront examinés avec la section des Écrits du *Tanakh*.

Le rejeton de Jesse — Ésaïe 11 : 1-2

Une fois de plus, dans le livre d'Emmanuel, Ésaïe expose un aspect inattendu de la naissance de la **Semence**, le Messie. Ésaïe 11 v.1-2 déclare :

> *¹Et il sortira un rejeton du **tronc d'Isaï** [NdT : ou **Jesse**], et **une branche de ses racines fructifiera** ; ²et l'**Esprit de l'Éternel reposera sur lui**, l'esprit de **sagesse** et d'**intelligence**, l'esprit de **conseil** et de **force**, l'esprit de **connaissance** et de **crainte de l'Éternel**.*

Il n'y a pas que l'esprit de L'Éternel qui est sur Lui, parce que l'esprit de l'Éternel était sur des hommes comme Moïse et David. Cependant, celui-ci a la *plénitude* de l'Esprit, telle qu'elle est décrite par les six termes qui révèlent que Sa sagesse est sans limite. Lorsque le Messie vient, il n'apparaît pas en grande pompe, parce qu'issu de David, mais il vient pauvre et insignifiant, comme issu de Jessé, le père de David. Il vient de manière anodine, né dans la pauvreté ! Ainsi la **Semence**, le **Roi**, le **Prophète** naît dans la pauvreté ; la mère du Messie sera pauvre.[40]

Le Serviteur qui rachète — Ésaïe 49 v.1-6

Le passage d'Ésaïe 49 v.1-6 est étendu, mais il s'agit d'en extraire quelques points et de les analyser. La section entière est très importante :

---

[40] Comparer dans le Nouveau Testament l'Évangile selon Luc 2 v.21-24 avec Lévitique 12 v.8.

¹Écoutez-moi, îles, et soyez attentives, peuplades lointaines ! **L'*Éternel* m'a appelé dès le ventre ; dès les entrailles de ma mère** *il a fait mention de mon nom.*

²Et il a rendu ma bouche semblable à une épée aiguë ; il m'a caché sous l'ombre de sa main, et il a fait de moi une flèche polie ; il m'a caché dans son carquois.

³Et il m'a dit, **Tu es mon serviteur, Israël,** *en qui je me glorifierai.*

⁴Et moi j'ai dit, J'ai travaillé en vain, j'ai consumé ma force pour le néant et en vain ; toutefois mon jugement est par devers l'Éternel, et mon œuvre par devers mon Dieu.

⁵Et maintenant, dit l'Éternel, qui m'a formé dès le ventre pour lui être serviteur *afin* **de lui ramener Jacob** *... ; quoique Israël ne soit pas rassemblé, je serai glorifié aux yeux de l'Éternel, et mon Dieu sera ma force...*

⁶Et il me dit, C'est peu de chose que tu **me sois serviteur pour rétablir les tribus de Jacob et pour ramener les préservés d'Israël** *; je te donnerai aussi pour être une* **lumière des nations***, pour être* **mon salut jusqu'au bout de la terre***.*

À remarquer qu'aux versets 1 et 5, seule la mère est mentionnée. Il n'est jamais fait mention d'un père au Messie dans aucun passage du *Tanakh*. Cela est conforme à Genèse 3 v.15, la **Semence** de la femme. Au verset 3, Il est appelé par *HaShem, mon serviteur, Israël*. Le judaïsme rabbinique essaie de voir la nation d'Israël dans cette déclaration, mais cela pose des problèmes. Comment, au verset 5, Israël [Jacob] peut-il revenir à Lui par Lui-même [Israël], alors qu'il [Israël] a besoin d'être sauvé ? Ce Serviteur *ramènera Jacob* à lui [*HaShem*]. Au verset 6, comment Israël peut-il ramener Israël ? Cette référence renvoie à nouveau à la **Semence**, au **Roi**, au **Prophète**, au Serviteur qui est le Messie. À remarquer également qu'il fait de lui une *lumière des nations* [les païens]. Il apporte le salut, mais quel genre de salut : physique ou spirituel ? Depuis Genèse 3, les païens ainsi qu'Israël se sont condamnés, par leurs actes, à une vie séparée d'avec un D.ieu saint à cause de leur péché. Le salut dont parle ici le Serviteur est un salut spirituel pour restaurer la terre dans sa condition paradisiaque avant que le péché n'entre dans le monde.

Qui est le Serviteur ? — Ésaïe 53

Citons ce passage dans son intégralité, en commençant par Ésaïe 52 : 13 pour terminer par 53 : 12. Vous êtes avertis que ce passage ne provient pas de la Bible chrétienne, mais de la Bible d'étude juive, traduction Darby. Les versets sont tirés du prophète Ésaïe, 700 ans avant la destruction de la *cité* et du *sanctuaire* en 70 de notre ère. Les rabbins sautent ce passage dans les synagogues et il ne figure pas dans les lectures quotidiennes.

Ésaïe 52 v.13 — 53 v.12

Ce passage de l'Écriture est stupéfiant, mais le judaïsme rabbinique l'interprète de nouveau de manière à évincer le Messie plutôt que de le désigner. Ce choix d'un nouveau sens s'est produit avec le grand rabbin Rachi, qui s'est opposé à tous les sages avant lui pour donner au passage une interprétation différente. Pourquoi son interprétation est-elle erronée et trompeuse ? Examinons tout d'abord le passage en question :

> *$^{52\ v.13}$Voici, **mon** serviteur agira sagement ; il sera exalté et élevé, et placé très haut.*

⁵² ᵛ·¹⁴*Comme beaucoup ont été stupéfaits en **te** voyant, tellement **son** visage était défait plus que celui d'aucun homme, et **sa** forme, plus que celle d'aucun fils d'homme,*

⁵² ᵛ·¹⁵*ainsi **il** fera tressaillir d'étonnement beaucoup de nations ; des rois fermeront leur bouche en **le** voyant ; car ils verront ce qui ne leur avait pas été raconté, et ils considéreront ce qu'ils n'avaient pas entendu.*

⁵³ ᵛ·¹*Qui a cru à ce que **nous** avons fait entendre, et à qui le bras de l'Éternel a-t-il été révélé ?*

⁵³ ᵛ·²**Il** *montera devant **lui** comme un rejeton, et comme une racine sortant d'une terre aride. **Il** n'a ni forme, ni éclat ; quand **nous** le voyons, **il** n'y a point d'apparence en **lui** pour **nous le** faire désirer.*

⁵³ ᵛ·³ **Il** *est méprisé et délaissé des hommes, homme de douleurs, et sachant ce que c'est que la langueur, et comme quelqu'un de qui on **cache** sa face ; **il** est méprisé, et **nous** n'avons eu pour **lui** aucune estime.*

⁵³ ᵛ·⁴*Certainement, **lui**, a porté **nos** langueurs, et s'est chargé de **nos** douleurs ; et **nous**, **nous** l'avons estimé battu, frappé de Dieu, et affligé ;*

⁵³ ᵛ·⁵, *mais **il** a été blessé pour **nos** transgressions, **il** a été meurtri pour **nos** iniquités ; le châtiment de **notre** paix a été sur **lui**, et par **ses** meurtrissures **nous** sommes guéris.*

⁵³ ᵛ·⁶**Nous** *avons tous été errants comme des brebis, **nous nous** sommes tournés chacun vers son propre chemin, et l'Éternel a fait tomber sur **lui** l'iniquité de **nous** tous.*

⁵³ ᵛ·⁷*Il a été opprimé et affligé, et **il** n'a pas ouvert sa bouche. **Il** a été amené comme un agneau à la boucherie, et a été comme une brebis muette devant ceux qui la tondent ; et **il** n'a pas ouvert sa bouche.*

⁵³ ᵛ·⁸**Il** *est ôté de l'angoisse et du jugement ; et **sa** génération, qui la racontera ? Car **il** a été retranché*

de la terre des vivants ; à cause de la transgression de mon peuple, lui, a été frappé.

*⁵³ ᵛ·⁹Et on lui donna **son** sépulcre avec les méchants ; mais **il** a été avec le riche dans sa mort, parce qu'**il** n'avait fait aucune violence, et qu'**il** n'y avait pas de fraude dans sa bouche.*

*⁵³ ᵛ·¹⁰Mais il plut à l'Éternel de **le** meurtrir ; il l'a soumis à la souffrance. S'**il** livre **son** âme en sacrifice pour le péché, **il** verra une semence ; **il** prolongera ses jours, et le plaisir de l'Éternel prospérera en **sa** main.*

*⁵³ ᵛ·¹¹**Il** verra du fruit du travail de **son** âme, et sera satisfait. Par **sa** connaissance **mon** serviteur juste enseignera la justice à plusieurs, et lui, **il** portera leurs iniquités.*

*⁵³ ᵛ·¹²C'est pourquoi je **lui** assignerai une part avec les grands, et **il** partagera le butin avec les forts, parce qu'**il** aura livré son âme à la mort, et qu'**il** aura été compté parmi les transgresseurs, et qu'**il** a porté le péché de plusieurs, et qu'**il** a intercédé pour les transgresseurs.* (Version Darby)

Comment Rachi a-t-il détourné le sens véritable de ce passage ? Il a appliqué le passage à Israël en tant que Serviteur souffrant au lieu de l'appliquer au Messie. Plusieurs points essentiels doivent être observés.

- Tous les sages qui ont précédé Rachi et même ceux qui l'ont suivi de plusieurs centaines d'années ont déclaré d'une seule voix que ce passage faisait référence au Messie, un individu et non pas à un groupe tel que la nation d'Israël. Rachi contredit donc les sages, ainsi que les prophètes tels qu'Ésaïe, et *HaShem* Lui-même, le D.ieu d'Israël. Au chapitre 3, les déclarations des sages à l'égard de ceux qui les contredisent ont été examinées. Ce rabbin considéré est-il exempté des paroles des sages ?

- Israël en tant que collectivité ne correspond pas au contexte. Regardez les pronoms utilisés : **nous, notre** et **il, lui, le sien**. Le *il, lui* et *son* fait référence à un individu, et le *nous* et *nos* fait référence à Ésaïe et à son peuple qui s'expriment face au Serviteur souffrant. Rachi réinterprète une fois de plus l'usage de ces pronoms pour contourner l'évidence.

- Il est également communément admis dans le judaïsme que ce passage décrit les souffrances d'Israël infligées par les Gentils. Mais qui est l'auteur du livre d'Ésaïe ? À noter également l'utilisation répétée des pronoms *nous* et *notre* qui parlent du peuple d'Ésaïe. À souligner également qu'au verset 11, le Serviteur souffrant est appelé *mon serviteur juste* qui rendra juste beaucoup de gens. Tout au long de son livre, Ésaïe présente Israël comme ayant besoin de la justice, et non comme celui qui la dispense.

- Au verset 8, le terme *retranché* signifie *mort*, et la mention du pays des vivants renforce le fait d'être retranché. Rachi affirme que le terme *retranché* signifie qu'Israël a été retiré de la Terre d'Israël. Une fois de plus, Rachi fait une interprétation qui n'est pas dans le texte de la Parole de *HaShem*.

- Également au verset 8, si l'interprétation de Rachi est prise littéralement, alors quand Israël est-il mort ? Jamais ! Israël, est toujours considérée comme une nation par Moïse (Deutéronome 30 v. 1-6) et les prophètes (Ézéchiel 37), et cela, même dans la Diaspora.

- Aux versets 4 à 7, quand Israël a-t-il souffert volontairement ? Dans toutes ses souffrances, Israël n'a jamais souffert de son plein gré, volontairement ou silencieusement.

- Aux versets 10-12, quand Israël a-t-il souffert par procuration pour les païens ? Les Écritures déclarent que le Messie souffrira pour Israël et pour les païens. Comment une nation pécheresse comme Israël (voir à nouveau Ésaïe chapitres 1-5 et 59 v.1-15) peut-elle souffrir pour un autre peuple pécheur et justifier les deux peuples devant D.ieu ? C'est tout simplement impossible et cela démontre un manque de connaissance de la sainteté de *HaShem*.

- Également aux versets 8 à 12, le Serviteur meurt. Israël n'est jamais mort en tant que nation devant D.ieu et n'a jamais perdu non plus son statut de nation devant D.ieu. Cependant, le Messie meurt. Le Messie de D.ieu meurt lors de Sa première venue, tout comme le faux messie rabbinique, et donc ce passage ne peut tout simplement pas signifier qu'Israël meurt.

- Quand Israël est-il ressuscité d'entre les morts ? Israël n'est jamais passé par la mort pour être ressuscité. Cependant, David (Psaume 16 v.10-11) et Ésaïe (Ésaïe 53 v.10, 12) parlent de la résurrection du Messie. On apprend que même le messie rabbinique doit ressusciter.

- Le Serviteur souffrant du verset 11 est appelé *mon serviteur juste*. Vous savez très bien qu'Israël n'est pas juste. Si vous en doutez, prenez le temps de lire Ésaïe, Jérémie, Ézéchiel, Osée, Michée et les autres prophètes. Israël a beaucoup d'atouts, mais le fait d'être juste n'en fait pas partie. Cependant, le Messie dont parlent les prophètes est sans péché, irréprochable, et Il va jusqu'à la mort en silence afin de pouvoir, par amour pour Son peuple, être le sacrifice volontaire et substitutif pour les péchés.

Il est conseillé de lire ce passage en remettant en question l'état actuel de l'interprétation de Rachi que le judaïsme rabbinique soutient aujourd'hui, et de regarder ce que *Hachem* dit au sujet du Serviteur souffrant, Son *serviteur juste*. Rachi s'est opposé sciemment aux sages qui ont considéré pendant de nombreux siècles que le Serviteur souffrant était le Messie. Pourquoi ce passage n'est-il pas lu ou discuté lors des lectures à la synagogue le jour du sabbat ?

Le Prophète Jérémie

Ésaïe a bien plus à dire sur ce sujet, mais passons au prophète Jérémie. Deux passages dans les écrits de Jérémie sont commentés.

Jérémie 4 v.1-4

A priori, cette référence ne semble pas être un exemple permettant d'illustrer le thème de la **Semence**, du **Roi**, du **Prophète** et de la bénédiction que le Messie apportera à Israël et au monde. On trouve le passage dans Jérémie 4 v. 1-4 ; il énonce deux éléments importants :

¹ Si tu reviens, ô Israël, dit l'Éternel, reviens à moi ; et si tu ôtes tes abominations de devant moi,

² tu ne seras plus errant, et tu jureras en vérité, en jugement et en justice, L'Éternel est vivant ! Et **les nations se béniront en lui**, *et* **en lui elles se glorifieront.**

³ Car ainsi dit l'Éternel aux hommes de Juda et à Jérusalem, Défrichez pour vous un terrain neuf, et ne semez pas au milieu des épines.

⁴ **Circoncisez-vous pour l'Éternel, et ôtez le prépuce de vos cœurs,** *hommes de Juda, et habitants de Jérusalem, de peur que ma fureur ne sorte comme un feu et ne brûle, sans qu'il n'y ait* *personne pour l'éteindre, à cause de l'iniquité de vos actions.*

Au verset 2, Jérémie déclare que *les nations se béniront en lui*, un pronom à la troisième personne. Il s'agit d'une référence à l'alliance abrahamique dans Genèse 12 v.3 où il est dit qu'au travers d'Abraham — et particulièrement de la **Semence** singulière d'Abraham — *seront bénies toutes les familles de la terre*, y compris Israël. C'est une promesse faite aux 70 nations de Genèse 10 et à tous les peuples qui en sortiront : en d'autres termes, tous les Gentils qui viendront après les écrits de Jérémie seront bénis par cette **Semence**. Mais la question est de savoir en qui ils se bénissent. Le « *en lui* » n'est pas la nation d'Israël. Il est aussi dit *en lui elles* [les nations] *se glorifieront*. Il s'agit de la même personne, c'est-à-dire la **Semence**, le Messie dont Ésaïe a parlé comme d'une *lumière pour les nations* dans Ésaïe 42 v.6 et 49 v.6, et de Celui qui restaurera Jacob du péché et de la séparation d'avec *HaShem*. Le thème de la Bénédiction n'a été que brièvement abordé, mais de la **Semence** d'Abraham, qui sera le **Roi** de Juda, le **Prophète** comme Moïse, le fils de David né d'une vierge, auquel *HaShem* donne des noms réservés à *Elokim*, c'est de Lui que viendra une **Bénédiction** pour Israël en particulier, mais aussi pour les nations.

Jérémie 4 v. 4 fait aussi référence à la supplication de Moïse (Deutéronome 10 v.16 ; 30 v.6) pour que le peuple d'Israël [Juda] circoncise son cœur ; sont inclus les ressortissants des 10 autres tribus qui ont quitté la corruption religieuse et politique des dix tribus du nord pour rejoindre Juda.

Pourquoi ? Parce qu'Israël et Juda avaient rompu l'alliance mosaïque conclue entre eux et *HaShem* au mont Sinaï. Lorsque Jérémie écrit, seul Juda existe encore ; Israël est déjà parti en captivité. Ils n'ont pas suivi Ses commandements, Ses lois et Ses ordonnances (Jérémie 31 v.31-34 [30-33]). Il fallait qu'Israël [Juda] circoncise le prépuce de sa *chair* en obéissance d'abord à l'alliance abrahamique (Genèse 17 v.9-14) et ensuite à l'alliance mosaïque à laquelle Israël avait été infidèle. Jérémie souligne l'infidélité d'Israël dans Jérémie 9 v.26 [25] lorsque *HaShem* compare Israël aux nations voisines incirconcises. *HaShem* déclare ce qui suit :

> ... *car toutes les nations sont incirconcises, et toute la maison d'Israël est incirconcise de cœur.*

Jérémie a lu Moïse, car il a dit que le cœur d'Israël est incirconcis (non régénéré) ; et tant qu'il n'est pas circoncis, Israël ne peut obéir au *Sh'ma* parce qu'il *n'aime pas l'Éternel, son Dieu, de tout son cœur* (Deutéronome 6 v.5 ; 30 v.6).

Jérémie 23 v.5-6

Dans le passage suivant, Jérémie évoque le fait que cette **Semence** sera issue de la famille de David, et Jérémie dit qu'elle aura pour qualité d'être juste. En fait, Jérémie dit que ce *GERME* juste est nommé par *HaShem L'ÉTERNEL NOTRE JUSTICE*. De toute évidence, la **Semence** promise doit être à la fois humaine (un descendant de David) et divine (*L'ÉTERNEL NOTRE JUSTICE*). Ce passage met l'accent sur la **Semence** en tant que **Roi**, le fils de David qui est juste par Son caractère. Aucun homme ni aucune femme d'ailleurs, n'est juste par son caractère, et pourtant voici un fils promis de David qui est un homme et qui, par son caractère, est nommé par *HaShem L'ÉTERNEL NOTRE JUSTICE*. Le concept du D.ieu/homme est clairement énoncé ici. Rappelez-vous que c'est exactement ce qu'Ève comprend lorsqu'elle donne naissance, dans Genèse 4 v.1, à son fils premier né : *J'ai acquis un homme, l'ÉTERNEL.*

C'est difficile à croire, mais c'est exactement ce que dit *HaShem* Lui-même par la bouche des prophètes. Analysons le passage dans Jérémie 23 v.5-6 :

> *⁵Voici, les jours viennent, dit l'Éternel, et je susciterai* **à David un Germe juste** *; et il régnera en roi, et prospérera, et exercera le jugement et la justice dans le pays. ⁶Dans ses jours Juda sera sauvé et Israël demeurera en sécurité ; et c'est ici* **le nom dont on l'appellera**, *L'Éternel* [est] **NOTRE JUSTICE**.

À nouveau, ce passage perd de son sens parce que les rabbins ont ajouté le mot *est* dans le nom dans le but de sous-évaluer le **Roi** pour ce qu'Il est ; au contraire, *L'ÉTERNEL NOTRE JUSTICE* est un nom et non un portrait. À noter également que c'est L'ÉTERNEL, et non l'homme, qui nomme ainsi le Roi. Ce passage fait principalement référence au Royaume messianique à venir, mais il révèle également que ce Germe juste est le fils de David, conformément à l'alliance davidique. La justice qu'Il possède n'est pas une justice acquise ; il s'agit d'une JUSTICE intrinsèque, que son nom affirme.

Le Prophète Michée

Le prophète Michée, contemporain d'Ésaïe, fait une déclaration très inhabituelle concernant l'origine et le lieu de naissance de la **Semence**, du **Roi**, du **Prophète**, qui est le fils de David, le Roi de Justice. Examinons soigneusement Michée 5 v.2[1] :

> *Et toi,* **Bethléhem Ephrata**, *bien que tu sois petite entre les milliers de Juda, de toi sortira pour moi celui qui doit dominer en Israël,* **et duquel les origines ont été d'ancienneté, dès les jours d'éternité**.

En examinant ce verset, il devient de plus en plus évident que les prophètes, les uns après les autres, s'appuient sur la Parole révélée de *Elokim*. Ici, le prophète déclare que Celui qui est promis naîtra à Bethléhem de Juda et que Lui, le Messie, est éternel. Le judaïsme rabbinique d'aujourd'hui tente de dire que cela signifie qu'il est originaire de Bethléhem, mais pas qu'il est né physiquement ou qu'il vient de Bethléhem personnellement. Cela leur pose un problème à deux titres :

- Tout d'abord, ils contredisent les sages d'autrefois qui disent que le Messie naîtra à Bethléhem.

- Ensuite, on sait aujourd'hui que Bethléhem est une ville arabe et majoritairement musulmane et qu'il n'y a plus de population juive qui y vit. Et si les Israéliens autorisent la création d'un État palestinien en Cisjordanie, il n'y a aucune chance qu'un futur Messie juif vienne de Bethléhem de sitôt. Ainsi, si le Messie vient dans un avenir proche, comment peut-Il naître à cet endroit ? Pourtant, tous les sages du passé ont affirmé à l'unisson que le Messie naîtra à Bethléem.

Pourquoi le judaïsme rabbinique modifie-t-il l'interprétation de la Parole clairement écrite de *HaShem* ? Parce que Jésus, dont le nom hébreu est Yéchoua, y est né, et qu'ils ne veulent absolument pas d'un verset qui soutiendrait le fait que le Messie doit y naître. Michée dit qu'une femme juive de la maison de David donnera naissance au Messie à Bethléhem.[41] Cela n'est pas possible aujourd'hui, d'abord parce que Bethléhem est une ville musulmane, ensuite parce qu'aucune personne juive ne peut aujourd'hui retracer son identité tribale à partir de la maison de David. Il est tout

---

[41] Voir le Nouveau Testament, Évangile selon Matthieu 2 v.1-6.

simplement impossible que le Messie vienne de Bethléem aujourd'hui et qu'il prouve qu'il soit issu de David, à moins qu'il ne soit déjà venu.

Le Prophète Zacharie

Le livre de Zacharie, tout comme celui d'Ésaïe, est un ouvrage exceptionnel, car il contient de nombreux passages qui parlent du Messie. On pourrait en tirer de nombreux extraits, mais on se limitera à quatre d'entre eux. Le premier passage est celui de Zacharie 11 v.12-13 dont le contexte plus large se trouve dans Zacharie 4 v.14 :

Zacharie 11 v.12-13

^{12}Et je [L'ÉTERNEL] leur dis, Si cela est bon à vos yeux, **donnez-moi mon salaire***, sinon, laissez-le. Et ils pesèrent mon salaire,* **trente pièces d'argent***. ^{13}Et l'ÉTERNEL me dit* [Zacharie]*, Jette-le au potier,* **ce prix magnifique auquel j'ai été estimé par eux***. Et je pris les trente pièces d'argent, et je les jetai au potier,* **dans la maison de *l'ÉTERNEL****.*

Zacharie est un prophète post-exil qui écrit entre la fin du 6e et le 5e siècle avant notre ère. Au verset 4, Celui qui parle est *HaShem*, qui se présente comme le berger d'Israël. Puis, au verset 12, sur la base de Son ministère auprès d'Israël, Il demande son salaire. Il ne recherche pas l'argent, mais l'obéissance à Sa loi, avec amour et zèle à Son égard. Au lieu de cela, Il est évalué à trente (30) pièces d'argent. *HaShem* répond avec un peu de sarcasme, *un prix magnifique auquel j'ai été estimé par eux*. Zacharie, qui met en scène cette histoire, reçoit l'ordre de jeter les trente pièces d'argent *dans la maison de l'Éternel*. Il s'agit d'un acte de trahison de la part d'Israël et d'une insulte à l'égard de *Hachem*. Mais il y a autre chose, car les trente (30) pièces font référence à la loi mosaïque. Dans Exode 21 v.32, si le bœuf d'un propriétaire tue un esclave appartenant à un autre propriétaire, il est tenu de payer au propriétaire de l'esclave trente (30) pièces d'argent pour l'esclave mort. Dans la situation décrite par Zacharie, les trente (30) pièces sont le prix auquel *HaShem* est évalué par les dirigeants d'Israël, c'est-à-dire ni plus ni moins que le prix d'un esclave mort. Trente pièces d'argent, c'est une insulte à *HaShem* et à Son ministère personnel auprès d'Israël. Il y a un lien entre ce passage des prophètes et le ministère de *Yéchoua* dans le récit de l'Évangile du Nouveau Testament.[42] Ici, alors que *HaShem* désire avoir une relation intime avec Son peuple[43], Il est repoussé et rejeté par lui. Il s'agit d'une prophétie donnée plus de 500 ans avant son accomplissement. Le *Tanakh* parle du rejet par les dirigeants du Messie, Lui la Semence, le Roi, fils de David, qui est le Prophète promis par *HaShem* dans Deutéronome 18 v.15-19. On retrouve ce rejet dans les versets de Zacharie qui suivent.

Zacharie 12 v.1, 10

Le passage suivant se trouve dans Zacharie 12 v.1, 10, qui déclare :

> *¹L'oracle de la parole de l'Éternel sur Israël, Ainsi* **dit l'Éternel**, *qui a étendu les cieux, et qui a fondé la terre, et qui a formé l'esprit de l'homme au dedans de lui.*
>
> *¹⁰Et je répandrai sur la maison de David et sur les habitants de Jérusalem un esprit de grâce et de supplications ;* **et ils regarderont vers moi, celui qu'ils auront percé,** *et* **ils se lamenteront sur lui**,

---

[42] Voir dans le Nouveau Testament, Évangile selon Matthieu 26 v.14-16 ; 27 v.3-9.

[43] Voir dans le Nouveau Testament, Évangile selon Matthieu 23 v.37-39.

comme on se lamente sur un fils unique, et il y aura de l'amertume pour lui, comme on a de l'amertume pour un premier-né.

Celui qui parle au verset 1 est *HaShem*; c'est Lui qui a étendu les cieux et posé les fondations de la terre et formé l'esprit de l'homme. Il s'agit de la même personne que Celui qui s'identifie comme l'Envoyé dans Ésaïe 48 v.16 et qui a appelé Israël; Il est le Premier et le Dernier, ainsi que le Créateur dans Ésaïe 48 v.12-13. Cette pluralité de *Elokim* qu'Il présente de Lui-même est également révélée dans l'Ecclésiaste 12 v.1, où il appelle Israël à se souvenir de son Créateur, qui est un mot pluriel. Ici, dans Zacharie, il s'adresse à Israël dans le contexte des derniers jours, que nous approchons, je crois, car les « pas du Messie » se font entendre.

Les partisans du judaïsme rabbinique ont raison de dire que les mots du texte hébreu n'ont pas été modifiés. En cela, ils ont raison. Cependant, il y a un problème avec la ponctuation des voyelles établie par les massorètes autour de 900 de notre ère. Pour être honnête, la ponctuation des voyelles qu'ils utilisent est généralement très utile pour l'étude et la lecture du texte hébreu. Mais en raison de leur interaction avec le christianisme pendant plus de 800 ans, certaines des voyelles reflètent un parti pris contre les croyants du Nouveau Testament et de leur interprétation des passages messianiques. Ils vont également à l'encontre des passages messianiques et font preuve de partialité à l'égard de la Septante, qui a été traduite par des rabbins 250 ans avant l'ère du Nouveau Testament. La Septante n'est pas une invention des vrais croyants au Messie, mais le fruit de la traduction de rabbins avant que *Yéchoua* ne soit un problème. La ponctuation des voyelles n'est pas de l'Écriture sacrée, et un parti pris anti-messianique ressort dans plusieurs passages, dont Zacharie 12 v.10. Par le choix d'une certaine ponctuation de voyelles, on peut changer le sens du texte. Par exemple, dans la Bible juive, Zacharie 12 v.10 dit qu'*ils se tourneront* **vers** *moi* **pour chacun** *de ceux qu'ils ont percés*. Deux choses sont à souligner : les mots « pour chacun » sont en italique, ce qui signifie que ces mots ne figurent pas dans le texte original, mais qu'ils ont été ajoutés. Dans la plupart des cas, de tels ajouts sont utiles au rythme de la grammaire et de la pensée, mais pas ici. Il y a également un léger changement dans la ponctuation des voyelles ; le mot « sur » devient « vers », changeant ainsi le sens du verset, le faisant passer d'un acte commis contre *HaShem* à celui d'un acte commis contre d'autres personnes.

La deuxième partie du verset prête à confusion pour la plupart des lecteurs en raison du changement de pronoms dans ce passage. Tout d'abord, au verset 12, le pronom *ils* est utilisé deux fois, chaque fois en référence à Israël. Mais à qui se réfèrent les deux autres pronoms *moi* et *lui* ? La principale question pour les érudits juifs est de savoir comment résoudre le changement des pronoms que D.ieu utilise pour Lui-même, de « *moi* » à « *lui* » dans ce passage. Ce changement de pronoms va de *HaShem* à la première personne, « *moi* », à celui qui est pleuré à la troisième personne, « *lui* ». La lamentation sur *HaShem* qui a été transpercé est considérée du point de vue de *HaShem* par le « *moi* », tandis que le « *lui* » est vu par une génération future de Juifs qui reconnaîtront *HaShem* comme étant « lui », celui qu'ils sont responsables d'avoir transpercé. Ainsi, du point de vue de *HaShem*, c'est « *moi* » qui suis le centre d'attention, alors que du point de vue du peuple, c'est « lui ».

En poursuivant la réflexion sur le verset 10, Il déclare qu'Il est personnellement transpercé. Or, si D.ieu est esprit, comment peut-Il être transpercé ? Pourtant, il décrit un événement qui lui arrive et qui est également décrit dans

Ésaïe 50 v.4-6, où Il est flagellé, où on Lui crache dessus et où Sa barbe est arrachée de Son visage. Dans les deux cas, *HaShem* fait référence à quelque chose qui ne peut avoir lieu que s'Il est dans un corps de chair. Ce soupçon issu de ce que dit *HaShem*, le judaïsme rabbinique le fuit en inventant toutes sortes de raisonnements. Dans les traductions françaises, on s'efforce de gommer l'accent que *HaShem* met de Lui-même dans le texte. Dans le *Talmud*, il est avancé un autre argument pour tenter d'expliquer la phrase de Zacharie 12 v.10 en disant que c'est le mauvais penchant qui a été transpercé, mais cela ne figure nulle part dans le contexte. Comme autre tentative, il est suggéré qu'Israël se lamente auprès de *HaShem* pour ceux qui sont tués le jour de l'Éternel. Mais à nouveau, *HaShem* affirme que cela Lui arrive personnellement.

Le judaïsme rabbinique n'aime pas ce verset pour deux raisons : tout d'abord, cela implique que *HaShem* prend un corps de chair ; c'est ce que disent exactement Moïse et les prophètes, Ésaïe, Michée, Jérémie et maintenant Zacharie. Cela coïncide avec le premier texte que nous avons examiné, Genèse 3 v.15, et dont le thème central est celui de la **Semence** de la femme qui traverse tout le *Tanakh*. Deuxièmement, le verset coïncide avec la crucifixion de *Yéchoua* dans le Nouveau Testament. Est-il possible que *HaShem se soit fait chair et vint demeurer parmi nous* ? [44] Les prophètes désignent ce D.ieu/homme comme étant le Messie.

La **Semence**, selon Genèse 3 v.15, doit souffrir d'une blessure au talon de la part de Satan. Lorsque le Royaume a été présenté à Israël par le **Roi**-Messie, Il a été rejeté. Le

---

[44] Voir dans le Nouveau Testament, Évangile selon Jean, Jean 1 v.1-14.

Prophète promis par *HaShem* dans Deutéronome 18 v.18-19, qui prononcera les paroles de *HaShem*, sera repoussé et rejeté. Examinons à présent le thème récurrent chez Zacharie du rejet du *Machiah* par les dirigeants religieux d'Israël au premier siècle.

Zacharie 13 v.7

Zacharie poursuit sa présentation du concept du D.ieu/homme dans Zacharie 13 v.7 :

> **Épée**, *réveille-toi* **contre mon berger**, **contre l'homme qui est mon compagnon**, *dit l'Éternel des armées ;* **frappe le berger**, *et le troupeau sera dispersé ; et je tournerai ma main sur les petits.*

Cela devient difficile à comprendre. Zacharie énonce ici l'ordre de *HaShem* pour qu'un instrument de mort soit brandi contre *mon berger*, faisant en outre directement référence à *HaShem* qui est aussi le berger d'Israël dans Zacharie 11 v.4-14. Il appelle l'épée à se dresser contre Son propre berger. Il faut relire les passages de Zacharie 11-12. Ensuite, *HaShem*, faisant référence à la *même personne*, demande que l'épée ne soit pas seulement dirigée contre Son berger, mais aussi contre l'homme qui est Son compagnon. Le mot *compagnon* signifie quelqu'un qui est son égal. Il n'est utilisé que onze fois dans le *Tanakh*, une fois ici dans Zacharie et toutes les autres fois dans le livre de Moïse du Lévitique, où il se réfère à des hommes qui sont les égaux d'autres hommes. *HaShem* demande donc que l'épée soit levée contre Son berger, contre l'homme qui est Son égal ! Encore une fois, Zacharie reprend le concept et le thème qui traverse tout le *Tanakh* et qui est énoncé dans Genèse 3 v.15. La **Semence** de la femme sera le D.ieu/homme. *HaShem* ordonne alors que l'épée tue le berger. À remarquer Celui qui prend la responsabilité personnelle de la mort du berger :

HaShem Lui-même. C'est exactement ce qui se passe dans le récit du Nouveau Testament lorsque les rabbins de l'époque veulent que ce rabbin itinérant appelé *Yéchoua* [Jésus] soit ôté, parce qu'il représente une menace pour eux et leur autorité. Ils coopèrent avec Pilate, qui représente Rome, pour le faire crucifier ; pourtant, *HaShem* assume l'entière responsabilité de la mort du Messie.

Zacharie 14 v.3-4

Le dernier verset de Zacharie auquel il sera fait référence est un passage dans lequel *HaShem* parle de Lui-même et qui a échappé à l'auteur du présent ouvrage lors de sa lecture. Il s'agit des jours qui précèdent le retour de *HaShem* pour sauver et délivrer Israël des armées qui sont déterminées à anéantir tout le peuple juif de la terre. HaShem vient en personne combattre pour Israël ; il est à noter dans le passage une phrase inattendue à propos de *HaShem* :

> *³ Et l'***Éternel sortira** *et combattra contre ces nations comme au jour où il a combattu au jour de la bataille.* ⁴ **Et ses pieds se tiendront, en ce jour-là, sur la montagne des Oliviers**, *qui est en face de Jérusalem, vers l'orient ; et la montagne des Oliviers se fendra par le milieu, vers le levant, et vers l'occident, une fort grande vallée ; et la moitié de la montagne se retirera vers le nord, et la moitié vers le midi.*

Au verset 3, *HaShem* intervient contre les ennemis d'Israël. Mais au verset 4, il est dit que ***ses pieds*** *se tiendront en ce jour sur la montagne des Oliviers*. Les pieds de qui ? Les pieds de *HaShem*, mais *HaShem* est pur Esprit et n'a pas de corps ! C'est exact, mais revenons à Exode 24 v.9-11 où Moïse et soixante-dix anciens d'Israël voient l'Éternel ; Moïse limite la description de ce qu'ils voient à la base sur laquelle *HaShem* se tient et aux pieds de *HaShem*. On a ici un autre verset qui souligne ce que les prophètes disent depuis Moïse. La **Semence** de la femme, de la tribu de Juda, ce fils (descendant) de David, est révélée comme étant D.ieu venu dans la chair. La même révélation est transmise par D.ieu à Moïse, Nathan, Ésaïe, Jérémie, Michée et Zacharie. Il est prophétisé que le Messie d'Israël viendra en tant qu'*Élohim* dans la chair ; Il est venu en Israël en tant qu'enfant, mais le fils qui est donné vient de *HaShem*, comme le déclare Ésaïe 9 v. 6-7 [5-6].

Le Prophète Malachie

Malachie, le dernier des prophètes, a également quelque chose à dire. Il écrit à la fin du 5e siècle avant notre ère. Dans Malachie 3 v.1, il déclare ce qui suit :

> *Voici,* **j'envoie mon messager**, *et* **il** *préparera le chemin* **devant moi** *; et* **le Seigneur que vous cherchez viendra soudain à son temple, et l'Ange de l'alliance** *en qui vous prenez plaisir, voici, il vient, dit l'Éternel des armées.*

Dans ce verset, deux personnes sont mentionnées ; tout d'abord le **Messager** qui *préparera le chemin devant moi*. Il ne s'agit pas d'Élie, mais de Jean-Baptiste dont le ministère a lieu lors de la première venue du Messie.[45] Ensuite, *le Seigneur*, *Adhonai*, le Maître d'Israël, viendra dans **Son** temple. Malachie parle-t-il au sens propre ou au sens figuré ? Si vous pensez que c'est au sens figuré, expliquez alors comment se fait-il que *HaShem* soit venu habiter dans le Tabernacle en Exode 40 et dans le Temple de Salomon en I Rois 8 v.10-11, et qu'Il ne soit venu de la même manière

---

[45] Voir les quatre Évangiles du Nouveau Testament, Jean, Matthieu, Marc et Luc : Jean 1 v.6-8, 15-34 ; Matthieu 3 v.1-17 ; Marc 1 v.1-11 ; Luc 3 v.1-20.

pendant la période du Second Temple. Exode 40 et I Rois 8 sont à prendre littéralement, alors pourquoi ne serait-ce pas le cas ici ? Un autre problème d'interprétation se pose avec ce passage, dans la mesure où il se réfère à la période du Second Temple, qui fait intervenir le temple de Zorobabel et la restauration de ce temple par Hérode. Le judaïsme ne dispose d'aucune référence, que ce soit dans le Talmud ou dans les commentaires du Midrash, pour confirmer qu'une telle apparition s'est produite pendant la période du Second Temple. Mais les prophètes parlent de la **Semence** venant dans la chair et d'un héraut sans nom selon ce passage et Ésaïe 40 v.3. C'est exactement ce que fait Jean Baptiste en tant qu'avant-coureur de *Yéchoua* lorsque *Adhonai* vient dans Son temple, accomplissant ainsi Malachie 3 v.1. Il se présente dans le Second Temple. Revenons à Malachie 3 v.1.

Malachie précise qui est l'Éternel lorsqu'il *ajoute l'Ange de l'alliance*. Le mot *soudain*, lorsqu'il est utilisé dans le *Tanakh* (25 fois), est utilisé chaque fois pour annoncer la venue d'un désastre et d'un jugement. Qui est donc *l'Ange de l'alliance* qui vient soudainement ? Il s'agit d'une référence à la loi mosaïque, et celui qui a donné la loi à Moïse est *Elokim*, *HaShem*, la Shechinah, la gloire de *HaShem*, *l'ange de l'Éternel* qui porte en Lui le nom même de *HaShem*, qui est également adoré et qui parle Lui-même en tant que *Elokim* ou *HaShem*. Finalement, l'orateur s'identifie dans ce verset comme étant *Adhonai*, l'Éternel. À remarquer qu'*Adhonai* vient dans **Son** temple et qu'Il est décrit comme étant *l'Ange de l'alliance*. Il est difficile de comprendre ces versets, car le judaïsme rabbinique, au fil des siècles, dépeint *Yéchoua* comme un rabbin sans valeur qui prétend être *HaShem* et qu'il faut écarter. Mais pourquoi rejeter *Yéchoua* ? Premièrement, Jésus prétend être D.ieu[46]. Deuxièmement, Il attaque les rabbins de Son temps au cœur de leur autorité, dénonçant leurs lois rabbiniques créées par l'homme. Aujourd'hui, ils prétendent que l'Église a concocté Sa divinité 300 ans après Sa venue. Ceci est totalement erroné, car les écrits originaux des croyants en *Yéchoua* ont tous été écrits dans les 40 ans qui ont suivi la mort et la résurrection de *Yéchoua*, à l'exception des écrits de l'apôtre Jean qui ont été écrits à la fin du 1er siècle de l'ère chrétienne. Jean a également été un témoin oculaire de la vie et du ministère de *Yéchoua*. Il est donc bon de regarder le Nouveau Testament au moment où il a été écrit, et non 300 ans plus tard, lorsque les pères de l'Église ont commencé à corrompre l'enseignement de *Yéchoua* et de Ses apôtres.

À la fin de la revue des livres de Moïse, les quatre derniers versets du Deutéronome ont été examinés et il a été constaté que, tout au long de l'histoire d'Israël, il n'y a pas eu de **Prophète** *semblable à Moïse*. À la fin de la section du *Tanakh* consacrée aux Prophètes, le Messie, la **Semence** de la femme est toujours recherchée ; mais avant Son retour pour délivrer Israël et instaurer le Royaume, le prophète Élie, nommé ici, doit Le précéder, comme c'est annoncé dans Malachie 4 v.4-6 [3 v.22-24] :

> *⁴Souvenez-vous de la loi de Moïse, mon serviteur, que je lui commandai en Horeb pour tout Israël, des statuts et des ordonnances. ⁵Voici, je vous envoie Élie, le prophète, avant que vienne le grand et terrible jour de l'Éternel. ⁶Et il fera retourner le cœur des pères vers les fils, et le cœur des fils vers*

---

[46] Voir le Nouveau Testament, Évangile selon Jean 8. 54-59 ; 10 v.30-33.

leurs pères, de peur que je ne vienne et ne frappe le pays de malédiction.

Malachie mentionne la venue de deux avant-coureurs : celui qui est anonyme dans Malachie 3 v.1 qui présente le Messie à Israël au premier siècle de notre ère et Élie qui accomplit le passage ci-dessus dans le futur. Une fois de plus, il est fait référence à Moïse, *mon serviteur*, et à sa loi. Le **Prophète** comme Moïse n'était pas encore venu, mais il sera précédé par Élie avant *le grand et terrible jour de l'Éternel*. Même à l'occasion du Seder de la Pâque, le plus jeune garçon de la maison qui pose les quatre questions va plus tard à la porte pour voir si l'invité spécial, Élie, est arrivé. Élie viendra pour ramener le cœur des enfants vers leurs parents, car lors de la première venue du Messie, les dirigeants d'Israël ont fait de Jésus *une pierre d'achoppement*, comme le dit Ésaïe 8 v.14 :

Et il sera pour sanctuaire, et pour pierre d'achoppement et rocher de trébuchement aux deux maisons d'Israël, pour piège et pour lacet aux habitants de Jérusalem.

Ésaïe fait ici référence à Emmanuel, *Dieu avec nous*, qui deviendra le point de division de la structure familiale juive. *Yéchoua* est devenu *la pierre d'achoppement* de la structure familiale juive chaque fois qu'une division s'est produite dans la famille juive au sujet de la messianité de *Yéchoua*. Celui qui est la **Semence**, le **Roi** et le **Prophète** est devenu un point de division parmi les membres des familles juives. Moïse, en introduisant les thèmes de la **Semence**, du **Roi** et du **Prophète**, ne dévoile pas cette division, mais comme *HaShem* le révèle au travers des écrits des prophètes tels que Ésaïe, Jérémie, Daniel, Zacharie et Michée, ce rejet et cette division deviennent ouvertement une source de discorde.

En venant au temple, le Second Temple, *Yéchoua* affirme être *HaShem*, la **Semence**, le **Roi**, le fils de David,

Emmanuel et le **Prophète** venu en chair qui sera une **bénédiction** pour le monde entier, comme cela est prophétisé.[47] À l'heure actuelle, Élie n'est pas encore venu ; cependant, une étude attentive du *Tanakh* nous montre que *le grand et terrible jour de l'Éternel* n'est pas très éloigné de nous. Si c'est le cas, alors *Yéchoua* reviendra comme Il l'a déclaré, pour intervenir à un moment critique. Pour ce second retour, Élie sera l'avant-coureur, comme l'annoncent les prophètes. Ceignez-vous, Israël, car des jours terribles approchent, les nuages de l'orage arrivent, et le temps de *la détresse de Jacob* approche, que l'on pourrait aussi appeler le second Holocauste. Les « pas du Messie » qui revient peuvent être entendus si vous tendez l'oreille.

---

[47] Voir les passages suivants dans les Évangiles du Nouveau Testament : Jean 1 v.18 ; 5 v.39, 46 ; Luc 24 v.25-27, 44 ; Matthieu 23 v.37-39.

Chapitre Neuf :
Le Messie :
Semence, Roi et
Prophète dans les Écrits

Pour rappel, lorsque nous avons commencé la section des Prophètes, nous avons dit qu'il y avait des connexions — des liens ou des charnières — entre les différentes sections du *Tanakh*. Nous avons vu le lien qui existe entre la Loi et les Prophètes dans Josué 1 v.8, où le peuple de D.ieu est invité à méditer sur la Loi écrite de *HaShem* et à recevoir Ses bénédictions.

Maintenant, dans la dernière section des Écritures hébraïques, il existe un autre lien entre la Loi écrite et les Écrits, tout comme entre la Loi et les Prophètes, et le thème est le même : méditer la Loi et marcher selon la Loi en toute droiture devant votre D.ieu. Selon les premiers versets du Psaume 1 :

> *¹Bienheureux l'homme qui ne marche pas dans le conseil des méchants, et ne se tient pas dans le chemin des pécheurs, et ne s'assied pas au siège des moqueurs,* ²**mais qui a son plaisir en la loi de l'Éternel, et médite dans sa loi jour et nuit !**

Il n'y a pas besoin de s'étendre sur ce passage, car il est explicite. Il est en quelque sorte le prolongement de ce que *HaShem* dit à Josué. Voici une déclaration à l'intention de tout Israël, car il s'agit du premier chapitre ou chant des cantiques d'Israël, les Psaumes, qui constituent le premier livre de la section des Écrits du *Tanakh*.

Les dernières paroles de David — II Samuel 23 v.1-5a

Bien que le passage de II Samuel 23 v.1-5a est situé dans les Prophètes, il est directement lié aux Psaumes, et il y a lieu de l'examiner attentivement :

> *¹ Et ce sont ici les dernières paroles de David. David, le fils d'Isaï, a dit, et l'homme* **haut placé**, *l'oint du Dieu de Jacob, et le doux psalmiste d'Israël, a dit,*
>
> *² L'Esprit de l'Éternel a parlé en moi, et sa parole a été sur ma langue.*
>
> *³ Le Dieu d'Israël a dit, le Rocher d'Israël m'a parlé, Celui qui domine parmi les hommes sera juste, dominant en la crainte de Dieu,*
>
> *⁴ et il sera comme la lumière du matin, quand le soleil se lève, un matin sans nuages, par sa clarté l'herbe tendre germe de la terre après la pluie.*
>
> *⁵ Quoique ma maison ne soit pas ainsi avec Dieu, cependant il a établi avec moi une alliance éternelle...*

Dans ce passage voilé, nous sommes confrontés à la ponctuation des voyelles du texte massorétique, et il faut se rappeler que cette ponctuation des voyelles ne fait pas partie de l'Écriture, mais qu'elle a été ajoutée par les massorètes, qui ont également dû faire face à l'enseignement chrétien sur Jésus pendant 900 ans. Il s'agit ici des dernières paroles de David, alors qu'il songe à l'alliance davidique, aux Psaumes qu'il a écrits et au thème de ces Psaumes : l'Oint, le Messie. Il affirme que l'Esprit Saint et *Elokim*, le Rocher d'Israël lui ont parlé du Messie comme il en a parlé dans les Psaumes. En abordant les Psaumes, il faut comprendre que le sujet des Psaumes de David est l'*Oint* que *HaShem* a promis par l'intermédiaire de Moïse et de Nathan dans l'alliance davidique. Suivant la ponctuation des voyelles, les mots « *haut placé* » peuvent être traduits par *concernant l'oint du Dieu de Jacob*. Une fois de plus, la Septante nous éclaire sur le sujet. En effet, la Septante utilise le mot « concernant » et non les mots « haut placé ». Il ne faut pas non plus oublier que la Septante a été traduite 1 000 ans avant les massorètes et avant la naissance de *Yéchoua*. L'interprétation qu'elle en fait du passage jette beaucoup plus de lumière sur les passages messianiques et les Psaumes que David a écrits.

Au verset 5, les voyelles sont à nouveau importantes, mais les deux traductions sont en totale contradiction. Soit David dit *bien que ma maison ne soit pas ainsi avec Dieu*, soit il dit *ma maison n'est pas avec Dieu*? David lui-même était un homme selon le cœur de D.ieu, mais sa maison était une maison divisée où les conflits se succédaient. David était un homme selon le cœur de *Hachem*, mais sa maison était pleine de tensions, de querelles, de haines, de jalousies et de révoltes. En examinant les Psaumes de David, on réalise qu'il fait référence à l'Oint d'Israël, un futur fils de David, le Messie. Il existe de nombreux Psaumes dans lesquels il parle du Messie, tels les Psaumes 2, 16, 22, 24, 29, 40, 42-48, 50, 63, 72, 110 et 118, mais seuls cinq d'entre eux sont examinés.

Dans la section des Écrits du *Tanakh*, au total sept passages sont passés en revue : cinq dans les Psaumes, un dans les Proverbes et le dernier dans le livre de Daniel. La question est de savoir ce que disent les Écrits sur le Messie ?

Psaume 2

¹Pourquoi s'agitent les nations, et les peuples méditent-ils la vanité ?

²Les rois de la terre se lèvent, et les princes consultent ensemble **contre l'Éternel** *et* **contre son Oint**,

³Rompons leurs liens, et jetons loin de nous leurs cordes !

⁴Celui qui habite dans les cieux se rira d'eux, le Seigneur s'en moquera.

⁵Alors il leur parlera dans sa colère, et, dans sa fureur, il les épouvantera,

⁶Et moi, j'ai oint **mon roi** *sur Sion, la montagne de ma sainteté.*

⁷Je raconterai le décret, l'Éternel m'a dit, Tu es **mon Fils** *; aujourd'hui, je t'ai engendré.*

*⁸Demande-moi, et je te donnerai les nations pour héritage, et***, pour ta possession, les bouts de la terre** *;*

⁹Tu les briseras avec un sceptre de fer ; comme un vase de potier tu les mettras en pièces.

¹⁰Et maintenant, ô rois, soyez intelligents ; vous, juges de la terre, recevez instruction,

*¹¹***Servez l'Éternel** *avec crainte, et réjouissez-vous avec tremblement ;*

*¹²***Baisez le Fils***, de peur qu'il ne s'irrite, et que vous ne périssiez dans le chemin, quand sa colère s'embrasera tant soit peu. Bienheureux tous ceux qui se confient en lui !*

Ce psaume est reconnu par les sages étant comme un psaume de David et un psaume messianique. Il s'agit d'un psaume concernant l'oint de Jacob, le Messie. Les versets 1 et 2 soulignent que les rois de la terre s'unissent pour destituer l'*Oint* de Son règne. Il s'agit d'un acte contre *HaShem* et contre Son *Oint*. *HaShem* se moque d'eux d'un rire méprisant et narquois avant que Sa colère ne s'enflamme contre eux. Au verset 6, l'Oint de *HaShem* est Mon roi, qu'Il a placé sur la montagne de Sa sainteté. Il s'agit d'un lien direct entre David et le thème du Roi que Moïse développe dans Genèse 49 v.10 et Nombres 24 v.9, 17. Au verset 7, *HaShem* appelle le Roi *Mon Fils*, et *HaShem* Lui donnera, à Lui, Son Fils, *les extrémités de la terre* comme Sa possession, ce qui est référencé dans Ésaïe 9 v.6-7 [5-6]. Ce passage a également un parallèle avec Proverbes 30 v.4, qui parle du Fils de D.ieu. Une fois de plus, le thème du **Roi** renvoie à Moïse qui le développe avec l'alliance davidique et aux Prophètes qui en apportent les détails. La **Semence** de la femme va naître miraculeusement et deviendra le **Roi** et le **Prophète**. Cette **Semence** sera un individu unique qu'Israël appellera l'*Oint*, le Messie, qui non seulement restaurera Jacob (Ésaïe 49 v.5), mais restaurera la terre de telle sorte que le loup mangera avec l'agneau, qu'un enfant jouera en toute sécurité dans le trou d'un serpent venimeux, et que les hommes jetteront leurs épées pour en faire des socs de charrues afin d'engranger d'abondantes récoltes (Ésaïe 2 v.4 ; 11 v.8 ; 65 v.25). *HaShem* dit aux dirigeants de la terre : « Si vous êtes intelligents, vous vous soumettrez à *Mon Fils* et vous lui rendrez hommage, en montrant de la révérence et de la crainte pour sa personne ». On a ici un psaume vraiment intéressant, car le Fils est considéré comme l'égal du Père.

Psaume 16

Que dit le Psaume 16 v.10-11 :

*[10]*Car tu **n'abandonneras pas mon âme au shéol, tu ne permettras pas que ton saint voie la corruption.** *[11]Tu me feras connaître le chemin de la*

vie ; ta face est un rassasiement de joie, il y a des plaisirs **à ta droite** *pour toujours.*

Le Psaume 16 est un psaume et une prière de David, communément reconnu comme un psaume messianique. Seuls les versets 10 et 11 sont examinés. David parle prophétiquement du Messie lorsqu'il dit que *Elokim n'abandonnera pas mon âme au shéol* ; c'est une promesse de résurrection. Puis il dit que *Elokim* ne permettra pas non plus que son Saint voie la corruption. Il ne s'agit pas seulement d'une résurrection, mais d'une résurrection avant que le corps ne se décompose. Il ne peut s'agir de David, car son tombeau est encore parmi nous ; il doit s'agir de quelqu'un d'autre, tel que le Messie qui sera flagellé (Ésaïe 50 v.4-6) et transpercé (Zacharie 12 v.10) et qui sera mis à mort ou retranché (Ésaïe 53 v.8 ; Daniel 9 v.26). Puis, au verset suivant, ce Saint qui ne voit pas la corruption [48] est placé à la droite de *HaShem*, ce qui est une position d'égalité. Ainsi, le Messie meurt, ressuscite dans les trois jours avant que son corps ne voie la corruption, puis Il prend Sa place à la droite de *HaShem* (Psaume 80 v.17 [18] ; Ésaïe 62 v.8). Comme le montre clairement ce psaume de David, il ne parle pas de lui-même, mais du Messie. À noter que mourir, potentiellement voir la corruption et ressusciter ne peut arriver qu'à un être humain, mais cet être humain, la **Semence** de la femme, occupe la place à la droite de *HaShem* jusqu'à ce que *HaShem* fasse de la terre Son marchepied (Psaume 110 v.1). David parle ici du Messie qui est D.ieu, car Il s'assied à la droite de *HaShem*, place d'égalité avec Lui, et Sa mort et Sa résurrection témoignent de Son humanité.

---

[48] Voir les passages suivants des Évangiles du Nouveau Testament : Matthieu 12 v.38-39, Jean 11 v.38-44 ; et Actes 2 v.25-31 ; 13 v.35.

Psaume 22

Vient ensuite le Psaume 22, un autre psaume de David qui fait référence au Messie. Examinons les versets 14-18 [15-19] :

> *¹⁴Je suis* **répandu comme de l'eau,** *et* **tous mes os se déjoignent ;** *mon* **cœur est comme de la cire,** *il est fondu au dedans de mes entrailles.* **¹⁵Ma vigueur est desséchée comme un têt,** *et* **ma langue est attachée à mon palais ; et tu m'as mis dans la poussière de la mort.** *¹⁶Car* **des chiens m'ont environné,** *une* **assemblée de méchants m'a entouré ; ils ont percé mes mains et mes pieds ;** *¹⁷Je* **compterais tous mes os. Ils me contemplent, ils me regardent ; ¹⁸Ils partagent entre eux mes vêtements,** *et* **sur ma robe ils jettent le sort.**

Ce passage de David concernant le Messie est écrit des centaines d'années avant que Rome n'existe et n'utilise la crucifixion comme instrument de peine capitale. Ce passage est l'image de la crucifixion de *Yéchoua*, un fils de David, l'Emmanuel qui se présente à Israël comme le Messie promis, la **Semence** de la femme (Genèse 3 v.15) ; puis issu de la descendance d'Abraham (Genèse 22 v.18), de la tribu de Juda (Genèse 49 v.10) et de David, né d'une vierge dans la ville de Bethléhem. Cependant, Israël l'a rejeté et évalué son prix à celui d'un esclave mort (30 pièces d'argent — Zacharie 11 v.12-13). Il est actuellement assis à la droite de *HaShem* et il reviendra avec les nuées des cieux (Daniel 7 v.13-14). [49]

Pour expliquer la prophétie du Psaume 22, le judaïsme rabbinique utilise le texte massorétique avec sa ponctuation des voyelles qui donne « comme un lion, mes mains et mes

---

[49] À comparer avec l'Évangile selon Matthieu 26 v.63-68.

pieds » au lieu de : *ils m'ont percé les mains et les pieds*. Cependant, la Septante (datant de 250 avant notre ère), qui précède de plus de 1000 ans le texte massorétique (900 de notre ère), dit qu'*ils ont percé mes mains et mes pieds*. Ce texte **paraît** 250 ans avant la venue de *Yéchoua*.

La Septante, Bible traduite en grec par des rabbins, est la Bible standard pour tous les Juifs de langue grecque jusqu'au deuxième siècle de notre ère. Il faut se souvenir que la ponctuation des voyelles dans le texte massorétique n'est pas inspirée, mais placée près de 900 ans après le premier siècle. Elle est souvent très utile, mais dans le cas présent, elle reflète un parti pris rabbinique qui a pour but d'éviter de reconnaître la messianité de *Yéchoua*. Le Messie décrit par David dans le Psaume 22 doit racheter ce monde corrompu par le péché, composé à la fois de Juifs et de Gentils, afin de restaurer la communion perdue lors du péché d'Adam et d'Ève dans le jardin d'Éden (Genèse 3). La description détaillée dans le Psaume 22 de la mort cruelle d'Emmanuel nous apporte un autre aspect de l'identité du Messie.

Psaume 80 v.17 [*18*]

Le psaume suivant est un psaume d'Asaph qui un autre psaume messianique. Selon le verset 17 :

> *Que ta main soit sur* **l'homme de ta droite**, *sur les fils de l'homme que tu as fortifié pour toi.*

À nouveau, il est fait référence à un homme qui est appelé *l'homme de ta droite*. Pour être à la droite de *HaShem*, il faut être égal à *HaShem*, car la main droite est le signe de l'autorité et de la puissance de *HaShem*. Il est désigné ici en tant qu'homme, ce qui est également déclaré dans Zacharie 6 v.12-13 ; 13 v.7 ainsi que dans Ésaïe 9 v.6-7 [5-6] ; 7 v.14 ; 11 v.1-2 ; 52 v.13-53 v.12 ; Michée 5 v.2 [1] ; Jérémie 23 v.5-6. Le judaïsme rabbinique rejette vigoureusement l'incarnation de *HaShem*. Pourtant, ce que nous voyons dans ces passages ne peut être que l'incarnation de *HaShem* venant dans Son univers en tant qu'homme, né à Bethléhem de la tribu de Juda, et fils de David pour accomplir la prophétie originale donnée par *HaShem* dans Genèse 3 : 15 et développé dans Ésaïe 7 v.14.

Psaume 110

Le Psaume 110 est un autre psaume messianique de David. Ce psaume est particulier, car il fait intervenir trois personnages. Ce que dit David aux versets 1-4 :

> *[1] L'**Éternel** [HaShem] a* **dit à mon Seigneur** *[Adoni], Assieds-toi* **à ma droite***, jusqu'à ce que je mette tes ennemis pour le marchepied de tes pieds.*
> *[2]L'**Éternel** [HaShem] enverra de Sion la verge de ta force, Domine au milieu de* **tes ennemis** *!* *[3]Ton peuple sera un peuple de franche volonté, au jour de ta puissance, en sainte magnificence. Du sein de l'aurore te viendra la rosée de ta jeunesse.*
> *[4]L'**Éternel** [HaShem] a juré, et il ne se repentira point,* **Tu** *[Adoni]* **es sacrificateur pour toujours, selon l'ordre de Melchisédec***.*

Dans la première phrase du premier verset, David parle de la pluralité de *Elokim*, alors que *HaShem* s'adresse à *Adoni*. Il est fait référence à trois caractères, *HaShem*, David et *Adoni*. David en tant que roi n'a pas de seigneur humain, mais alors qu'il écrit, il parle de *Adoni* comme de **mon Seigneur**. Aussi qui est Adoni ? La référence à *HaShem* et à *Adoni* montre clairement la pluralité de D.ieu et dans ce contexte, on comprend que *Adoni* est le Messie. David cite *HaShem* en disant à *Adoni* : ***Assieds-toi à ma droite***, signe d'une position d'égalité avec *HaShem*. Ce que David montre ici, c'est la pluralité de *Elokim*.

Même si ce n'est pas le thème de cet ouvrage, on a déjà démontré que *HaShem* et Israël sont ennemis. *HaShem* dit dans Lévitique 26 v.24, 28, 41 que si Israël marche à l'encontre de Sa Loi, Lui marchera contre Israël parce qu'il méprise Sa Loi (verset 43). Pourquoi *HaShem* dit-il à *Adoni* : «*Assieds-toi à ma droite, jusqu'à ce que je mette tes ennemis pour le marchepied de tes pieds*» ?

- Vers qui le Messie est-Il envoyé ?
- Qui Israël a-t-il rejeté lorsqu'Il est venu dans Son temple ?
- Qui a rejeté le Serviteur souffrant d'Ésaïe 53 ?
- Qui a rejeté la Semence promise ?
- Qui a rejeté son Roi, le fils de David ?
- Qui a rejeté le Prophète comme Moïse ?
- Pourquoi *HaShem* a-t-Il divorcé d'Israël dans le livre d'Osée ?
- Pourquoi *HaShem* a-t-Il divorcé de Juda dans le livre de Jérémie ?

On peut relever de nombreux versets du *Tanakh* qui indiquent qu'Israël irait après d'autres dieux, haïrait Sa loi pour rejeter finalement le Messie, fils de David, Emmanuel, la Branche. Israël a choisi de se rebeller de manière active contre *HaShem*. Vous pouvez contester cette déclaration, mais alors pourquoi *HaShem* reste-t-Il silencieux envers Son peuple, Son premier-né ? Pourquoi la plupart des Juifs vivant dans les nations souffrent-ils aux mains des païens depuis 2 000 ans au lieu de vivre en Israël ? Il n'est pas nécessaire de détailler tout ce qui a été reproché à Israël et perpétré contre lui par les chrétiens païens des nations.

Le fait qu'Israël soit devenu un ennemi de *HaShem* est difficile à comprendre, mais l'histoire et les Écritures hébraïques le confirment. *Adoni*, le Messie, a donc un ennemi inattendu en la nation d'Israël, Son peuple élu, et Israël a pour ennemis les nations païennes. Dans l'avenir, lorsqu'Israël se repentira (Ésaïe 53, Lévitique 26 v.40 ; Osée 5 v.15) au sujet de l'identité du Messie, Celui-ci viendra et le délivrera. En ce temps-là, Israël ne sera plus l'ennemi du Messie parce que le Messie accomplira la Nouvelle alliance en circoncisant son cœur, le régénérant et en détruisant tous ses ennemis issus des nations païens.

On a ici un autre texte qui pose un véritable problème au judaïsme rabbinique, qui croit que *HaShem*, qui à d'autres moments est appelé *Adoni* ainsi que *Elokim*, est un être absolu (*yachid*) alors que la parole de *HaShem* les désigne clairement comme étant un, tous étant complètement égaux les uns aux autres (*echad*).

En outre, nous voyons que le Seigneur de David, au verset 4, est appelé par *HaShem sacrificateur pour toujours*. Cela est inacceptable selon la loi mosaïque. Un fils de David de la tribu de Juda ne peut pas être ou fonctionner en tant que prêtre lévitique, mais il peut fonctionner comme prêtre selon l'ordre de Melchisédec. Il est déclaré que le Messie est sacrificateur selon l'ordre de Melchisédec, c'est-à-dire selon une sacrificature différente de celle de Lévi. Selon Zacharie, ce Messie sera différent, car Il sera sacrificateur gouvernant depuis son trône (Zacharie 6 v.12-13). David explique comment cette exception est possible en déclarant que le Messie est sacrificateur *selon l'ordre de Melchisédec* ; ce dernier en tant que roi de Salem (Jérusalem) et prêtre d'El Elyon (D.ieu Très-Haut) bénit Abraham bien avant même que le sacerdoce lévitique n'existe.

En résumé, le *Tanakh* continue à compléter les pièces du puzzle quant à l'identité du Messie, de la Semence ou du Promis, du Roi qui est le fils de David et du Prophète qui est *comme Moïse*. Si Israël avait pratiqué le *Sh'ma*, il aurait reconnu le Messie, mais au lieu de cela, Israël n'a pas été capable d'aimer l'*Éternel* D.ieu de tout son cœur et a négligé Sa Parole écrite.

Proverbes 30 v.4

Ce passage du Livre des Proverbes contient plusieurs questions rhétoriques qui laissent perplexe. Les réponses à ces questions sont très faciles à trouver, à l'exception de la dernière. Lisons Proverbes 30 v.4 :

> **Qui** *est monté dans les cieux, et qui en est descendu ?* **Qui** *a rassemblé le vent dans le creux de ses mains ?* **Qui** *a serré les eaux dans un manteau ?* **Qui** *a établi toutes les bornes de la terre ?* **Quel** *est son nom*, **et quel est le nom de son fils, si tu le sais ?**

Six questions sont en fait posées : la réponse à cinq d'entre elles est connue, mais la dernière laisse les rabbins très perplexes, car ils l'écartent sans hésitation, bien que *HaShem* l'ait placée dans Sa Parole. La réponse aux quatre premières questions est D.ieu. La réponse à la cinquième est *HaShem*. La sixième question est *Quel est le nom de son fils* [de *HaShem*], *si tu le sais ?* La réponse n'est pas Israël, qui est appelé le fils aîné de *Elokim* dans le livre de l'Exode. Le ton sur lequel la question est posée dans le verset indique que le nom du fils de D.ieu leur est inconnu. *HaShem* pourrait-Il avoir un fils ? C'est ce qu'affirme Ésaïe dans Ésaïe 9 v.6 [5] lorsqu'il dit qu'*un fils nous a été donné* [à Israël]. Selon ce texte, *HaShem* lui attribue des noms tels que *Merveilleux*, *Conseiller*, *Dieu fort*, *Père du siècle* et *Prince de paix*. Il y est également fait allusion dans Genèse 3 v.15 avec la

Semence de la femme qui désigne systématiquement un individu descendant de David, mais aussi de D.ieu, un fils que la vierge enfantera (Ésaïe 7 v.14). Les prophètes, de Moïse à Nathan, en passant par David, Ésaïe, Jérémie, Michée, Zacharie et Malachie, le soulignent également avec force : dès le début, *HaShem* se présente comme une pluralité en un (*echad*), en tant que Père, Fils et Esprit distincts les uns des autres, cependant égaux.

Daniel 9 v.24-27

Voici un dernier passage tiré des Écrits du *Tanakh*. Mais il faut dire que les rabbins ont interdit ce passage de peur qu'il soit vu. Pendant des siècles, les rabbins ont essayé de discerner le moment de la venue du Messie, le *Mashiach*. En fait, au fil des siècles, en raison de son désir de retourner en Israël sous la direction du Messie, le peuple juif a suivi 46 faux messies. En raison de ce fort désir de retour, ils n'ont pas étudié les Écritures hébraïques pour voir ce que *HaShem* a préparé concernant Sa personne, Son caractère, Son essence et le moment de Sa venue. C'est la raison pour laquelle ils ont constamment ignoré ces passages à cause de la personne qu'ils désignent. Selon Daniel 9 v.24-27 :

> *[24]* **Soixante-dix** *semaines ont été déterminées sur* **ton peuple** *et sur* **ta sainte ville**, *pour clore la transgression, et pour en finir avec les péchés, et pour faire propitiation pour l'iniquité, et pour introduire la justice des siècles, et pour sceller la vision et le prophète, et pour oindre le saint des saints. [25]Et sache, et comprends,* **Depuis la sortie de la parole pour rétablir et rebâtir Jérusalem, jusqu'au Messie, le prince, il y a sept semaines et soixante-deux semaines** ; *la place et le fossé seront rebâtis, et cela en des temps de trouble.* **[26]Et après les soixante-deux semaines, le Messie sera retranché** *et n'aura rien ; et le peuple du prince qui*

viendra détruira la ville et le lieu saint, *et la fin en sera avec débordement ; et jusqu'à la fin il y aura guerre, un décret de désolations.* ²⁷*Et* **il confirmera une alliance avec la multitude pour une semaine** *; et au milieu de la semaine il fera cesser le sacrifice et l'offrande ; et à cause de la protection des abominations il y aura un désolateur, et jusqu'à ce que la consomption et ce qui est décrété soient versés sur la désolée.*

Ces quatre versets couvrent tellement de choses qu'il n'est pas possible de tout examiner. Aussi, plusieurs récapitulations seront faites. Au verset 24, il est dit à Daniel que 70 séries de sept ans ou 490 années[50] sont fixées à Israël et à Jérusalem pour accomplir six choses, toutes figurant dans ce verset. Les trois premières traitent de l'élimination du péché et les trois dernières de l'instauration de la justice. Cette justice viendra avec le Germe juste (Jérémie 23 v.5-6).

Trois types d'offenses à D.ieu sont mentionnés dans la première section concernant l'élimination du péché : la transgression, le péché et l'iniquité. Ce sont trois mots descriptifs :

- La **transgression** est au singulier ; elle exprime la rébellion, une rébellion particulière — Lévitique 26 v.40 ; Osée 5 v.15 ; Zacharie 11 v.12-13 ; Psaume 22 v.14-18.

- Le **péché** qui consiste à manquer la cible, l'homme manquant cette cible qui est la sainteté de *HaShem* — Lévitique 26 v.24, 28, 41 ; Deutéronome 29 v.25-28 ; Ésaïe 59 v.2-13 ; 64 v.6 ; Jérémie 17 v.9.

---

[50] Voir Lévitique 26 v.32-35 ; Jérémie 25 v.8-12 ; 29 v.10 ; II Chroniques 36 v.21 ; Daniel 9 v.1-2, 24-27. À souligner aussi la prière de confession de Daniel pour le compte de la nation d'Israël (Daniel 7 v.3-19.).

- **L'iniquité** et l'expiation de l'iniquité ; l'iniquité a le sens de péché intérieur — Ésaïe 1 : 2-18.

Ainsi, les 70 séries de sept ans sont destinées à traiter la transgression, le péché et l'iniquité, et quand Israël se tournera vers *Yéchoua* le Messie, Il apportera les trois choses qui suivent et qui concernent la justice :

- Il introduira la Justice éternelle parce qu'Il est la Justice — Jérémie 23 v.5-6.

- Il mettra fin au besoin de visions et de prophéties, car Lui, *HaShem*, sera présent ; la Personne qui a parlé aux prophètes sera présente à Jérusalem, assise sur le trône de David.

- Il fera l'onction de ce qui est très Saint, c'est-à-dire le Temple du Millénium — Ézéchiel 40-48.

Après avoir établi le cadre des 70 séries de sept ans, il poursuit en donnant le calendrier des événements. Daniel 9 v.25 déclare qu'à partir du moment où l'on commencera à restaurer et à reconstruire Jérusalem, il s'écoulera 7 septaines d'années [années sabbatiques], soit 49 ans. Le point de départ de ces semaines se situe en 444 avant notre ère, lorsque Néhémie reçoit l'ordre du roi de Perse (lire Néhémie, chapitres 1 et 2) de restaurer et de reconstruire la muraille et les portes de Jérusalem. La venue du Messie est fixée à la 69e septaine d'années (7 septaines pour la reconstruction de Jérusalem plus 62 septaines). La fin des 69 séries de sept ans, soit 483 ans, correspond à l'année 30 de notre ère.

Le verset 26 indique que le *Messie*, sera *retranché*, signifiant qu'il sera exécuté, à la fin des 69 séries de sept ans ou 483 années, soit en l'an 30 de notre ère. Le prince qui détruit *la ville et le lieu saint* en 70 de notre ère est le général

Titus de Rome. Ce verset situe la première venue du Messie ou *Maschiach*, l'oint de *HaShem*, dans la première moitié du premier siècle de notre ère. Pour être précis, Il est retranché en l'an 30 de notre ère. Il n'y a qu'un seul candidat qui réponde à ce calendrier, et son nom est *Yéchoua* (Jésus) de Nazareth. Analysons à nouveau ce que disent Moïse et les Prophètes :

- Sa naissance doit être unique — la **Semence** de la femme, Genèse 3 v.15 ;
- Il doit être un fils d'Abraham — la **Semence** promise, Genèse 22 v.18 ;
- Il doit être de lignée royale, un fils de Juda — le **Roi**, Genèse 49 v.10 ;
- Il est l'Ange portant le Nom de *HaShem* en Lui, Exode 23V.20-23 ;
- Il descend de Jacob — **Roi** et étoile, Nombres 24 v.17 ;
- Il est un **Prophète** — comme Moïse, Deutéronome 18 v.15-19 ; Nombres 12 v.5-8 ;
- Il est un fils de David, de la descendance de, I Chroniques 17 v.11 ;
- Il doit naître d'une vierge, Ésaïe 7 v.14 ;
- Il est appelé Emmanuel, Ésaïe 8 v.8, 10 ;
- Il est le propre fils de D.ieu — « Un fils nous est né » (Ésaïe 9 v.6-7 [5-6]) puis *HaShem* Lui attribue des noms qui ne peuvent s'appliquer qu'à Lui-même, Jérémie 23 v.5-6 ;
- La maison de David tombera en ruines, Ésaïe 11 v.1 ; Amos 9 v.11 ;
- Un précurseur viendra devant Lui, Ésaïe 40 v.3 ; Malachie 3 v.1 ;

- Il est L'envoyé, Ésaïe 48 v.12-16[51] ;

- Il est le Créateur, Ésaïe 48 v.12-16 ; Zacharie 12 v.1, 10[52] ;

- Il restaurera Jacob en tant que serviteur de *HaShem*, Ésaïe 49 v.5 ;

- Il sera flagellé et battu, Ésaïe 50 v.1-6 ;

- Il est le Serviteur souffrant, Ésaïe 53 ;

- Il est l'Ange de Sa face, Ésaïe 63 v.9 ;

- Il sera le Roi de justice c'est-à-dire que la justice est Son caractère, Il est à la fois D.ieu et homme, Jérémie 23 v.5-6 ;

- Il naîtra à Bethléhem, Michée 5 v.2[1] ;

- Il sera trahi pour 30 pièces d'argent, Zacharie 11 v.12-13 ;

- Il sera percé par une lame ; transpercé, Zacharie 12 v.10 ;

- Il sera le D.ieu/homme qui est l'égal de *HaShem*, Zacharie 13 v.7 ;

- Il sera l'Ange de l'alliance, Malachie 3 v.1 ;

- Il est le Fils de D.ieu, Psaume 2 ;

- Il mourra, mais ne verra pas la corruption, Psaume 16 ;

- Il ressuscitera, Psaume 16 v.10 ;

- Il mourra d'une mort atroce sur une croix romaine, Psaume 22 ;

---

[51] Voir l'Évangile selon Jean au chapitre 5 v.37.

[52] Voir l'épître aux Colossiens, chapitre 1 v. 15-18.

- Il est à la droite de *HaShem* indiquant son égalité avec *HaShem,* Psaume 80 v.17 [18] ;
- Il est le Seigneur de David et sacrificateur selon l'ordre de Melchisédec, Psaume 110 v.4 ;
- D.ieu demande quel est le nom de Son fils, Proverbes 30 v.4 ;
- Il est venu au temps prescrit, Daniel 9 v.24-27.

Voici le sommaire de plusieurs autres points qui n'ont pas été commentés :

- Il est le Bras de *HaShem,* Ésaïe 40 v.10-11 ; 48 v.14 ; 51 v.5, 9 ; 52 v.10 ; 53 v.1 ; 59 v.16 ; 62 v.8 ; 63 v.5, 12.
- Il est une alliance, Ésaïe 42 v.6 ; 49 v.8 ; Jérémie 31 v.31-34 [30-33] ; Malachie 3 v.1.[53]
- Il est le Rocher, Deutéronome 32 v.4, 15, 18, 30-31, 37 ; 1 Samuel 2 v.2 ; 2 Samuel 22 v.1-2 ; 32 ; 23 v.1-3 ; Psaumes 18 v.1-2 ; 28 v.1 ; 31 v.2-3 ; 61 v.2 [3] ; 89 v.26 [27].[54]
- Il est la Parole, Genèse 15 v.1, 4 ; Psaume 33 v.6.[55]
- Il est le Berger d'Israël, Zacharie 11 v.4-14 ; 13 v.7.[56]
- Il est le Germe, Jérémie 23 v.5-6 ; Zacharie 3 v.8 ; 6 v.12-13.

---

[53] Nouveau Testament, Évangile selon Matthieu 26 v.28.

[54] Nouveau Testament, Évangile selon Matthieu 16 v.16.

[55] Nouveau Testament, Évangile selon Jean 1 v.1-3, et Apocalypse 19 v.11-15.

[56] Nouveau Testament, Évangile selon Jean 10 v.11.

Il y a trop de similitudes entre *Yéchoua*, le rabbin du premier siècle, et le Messie prophétisé pour qu'on puisse les considérer comme de simples coïncidences. Les prophéties sont trop précises et détaillées pour être rejetées, et pourtant, pendant 2000 ans, c'est exactement ce que le judaïsme rabbinique a fait. Vous avez été trompés ; concernant *HaShem*, il devient de plus en plus clair pourquoi Il reste silencieux envers Son premier-né et pourquoi le peuple juif est éclipsé de D.ieu. Les Écritures hébraïques confirment que la Deuxième Personne de *Élohim* s'est faite chair et s'est appelée *Yéchoua*, le mot hébreu pour Salut étant *Yéchouah*, puis en tant qu'homme, Il s'est présenté comme étant D.ieu, le D.ieu/homme promis dans Genèse 3 v.15 (Ésaïe 9 v.6-7 [5-6]). Il a commencé à détruire la « barrière » que constitue la Loi orale et qui supplante la Loi écrite de *HaShem*. Oui, la soi-disant église chrétienne vous a horriblement persécutés, vous et vos pères, parce qu'ils n'ont pas suivi les enseignements de *Yéchoua* et de ses apôtres. L'église, depuis le 4e siècle, s'est corrompue au-delà de ce qu'on peut imaginer. La plupart des soi-disant chrétiens d'aujourd'hui sont tombés dans l'apostasie alors qu'ils ne suivent pas les paroles ni les enseignements de *Yéchoua* et des apôtres. Leur religion non biblique est recouverte d'un mince vernis de christianisme.

II Chroniques 36

Au vu de tout cela, comment se termine la section des Écrits sur ce sujet ? Dans II Chroniques 36 v.21-23, il est dit :

> *²¹Afin que fût accomplie la parole de l'Éternel dite par la bouche de Jérémie, jusqu'à ce que le pays eût joui de ses sabbats.* **Tous les jours de sa désolation il se reposa, jusqu'à ce que soixante-dix ans soient accomplis**. *²²Et la première année* **de Cyrus, roi de**

> **Perse**, *afin que fût accomplie la parole de l'Éternel dite par* **la bouche de Jérémie**, *l'Éternel réveilla l'esprit de Cyrus, roi de Perse ; et il fit une proclamation dans tout son royaume, et la publia aussi par écrit, disant,* ²³**Ainsi dit Cyrus, roi de Perse**, *L'Éternel, le Dieu des cieux, m'a donné tous les royaumes de la terre, et il m'a chargé de lui bâtir une maison à Jérusalem, qui est en Juda. Qui d'entre vous, quel qu'il soit, est de son peuple, que l'Éternel, son Dieu, soit avec lui, et qu'il monte !*

La fin du livre des Chroniques parle du retour d'Israël sous Cyrus, roi de Perse, en 536 avant notre ère. Mais il faut également remarquer qu'il associe les 70 années de captivité à Daniel, en particulier à Daniel 9 : 24-27. Ainsi, qu'il s'agisse de la Loi, des Prophètes ou des Écrits, tous terminent leur section du *Tanakh* en soulignant que le *Mashiach* [Messie] n'est pas encore venu, et chacun présente un élément différent permettant de L'identifier :

- La Loi — Semblable à Moïse ;
- Les Prophètes — Élie doit tout d'abord venir ;
- Les Écrits — Daniel présente un calendrier.

Les liaisons entre les sections du Tanakh soulignent également le fait que jusqu'à ce que vienne le *Mashiach* [Messie], la **Semence** de la femme, Israël doit méditer sur la Loi écrite de *HaShem* :

- Josué 1 v.8 ;
- Psaume 1.

Combien de personnes, qu'elles soient juives ou païennes, méditent sur la Parole de *HaShem* ? Je dirais très peu. Par conséquent, les gens ne connaissent ni le cœur ni la Parole de **HaShem** et ne marchent donc pas droit devant *HaShem*.

Le *Tanakh* est un livre merveilleux, avec des liens et des corrélations tout au long de ses pages alors que *HaShem* se révèle à Israël comme une unité plurielle (*echad*). Le *Tanakh* a préparé le terrain pour la naissance de l'incarnation de *HaShem* afin qu'Il accomplisse les promesses faites à Moïse et aux Prophètes, et que nous puissions le reconnaître. Si les paroles des Prophètes sont vraies, et que Jésus a accompli ces paroles, alors dans Sa condition éternelle, Il est un membre de la pluralité de *Elokim*. Qu'est-ce que cela dit des enseignements du judaïsme rabbinique ? Qu'est-ce que cela nous apprend sur la raison de l'éclipse de D.ieu ?

Si vous êtes émus et que votre esprit est interpellé par ces Écritures, alors envisagez d'acheter un *Tanakh* et un Nouveau Testament et commencez à lire les paroles de *HaShem* pour vous-même. Rencontrez le *Elokim* [D.ieu] de vos pères, Abraham, Isaac et Jacob, et Il vous conduira à la Semence, au Roi et au Prophète.

Amos décrit l'éclipse de D.ieu de son peuple. Ce qu'Amos dit à Israël est d'actualité. Considérez les paroles de *HaShem* transmises au prophète Amos :

> *[11] Voici, des jours viennent, dit le Seigneur, l'Éternel, où j'enverrai une famine dans le pays ; non une famine de pain, ni une soif d'eau, mais d'entendre les paroles de l'Éternel. [12] Et ils erreront d'une mer à l'autre, et du nord au levant ; ils courront çà et là pour chercher la parole de l'Éternel, et ils ne la trouveront pas.* (Amos 8 v.11-12)

> *[4] Et quand ils iraient en captivité devant leurs ennemis, là, je commanderai à l'épée, et elle les tuera ; et je mettrai mes yeux sur eux pour le mal et non pour le bien.* (Amos 9 v.4)

⁸Voici, les yeux du Seigneur, l'Éternel, sont sur le royaume pécheur, et je le détruirai de dessus la face de la terre ; seulement je ne détruirai pas entièrement la maison de Jacob, dit l'Éternel. ⁹Car voici, je commande, et je secouerai la maison d'Israël parmi toutes les nations, comme on secoue dans un crible, mais pas un grain ne tombera à terre. ¹⁰C'est par l'épée que mourront tous les pécheurs de mon peuple, qui disent, Le mal ne nous atteindra pas, et ne viendra pas jusqu'à nous. (Amos 9 v.8-10)

Lorsque Israël confessera son péché et son offense à *HaShem* et reconnaîtra *Yéchoua* comme son Messie et son D.ieu, alors, regardez les promesses faites à Israël, l'aboutissement de l'attente juive, dans Amos 9 v.11-15 :

¹¹En ce jour-là, je relèverai le tabernacle de David, qui est tombé, et je fermerai ses brèches, et je relèverai ses ruines, et je le bâtirai comme aux jours d'autrefois, ¹²afin qu'ils possèdent le reste d'Edom, et toutes les nations sur lesquelles mon nom est réclamé, dit l'Éternel qui fait cela. ¹³Voici, les jours viennent, dit l'Éternel, où celui qui laboure atteindra celui qui moissonne, et celui qui foule les raisins, celui qui répand la semence ; et les montagnes ruisselleront de moût, et toutes les collines se fondront. ¹⁴Et je rétablirai les captifs de mon peuple Israël, et ils bâtiront les villes dévastées et y habiteront, et ils planteront des vignes et en boiront le vin, et ils feront des jardins et en mangeront le fruit. ¹⁵Et je les planterai sur leur terre, et ils ne seront plus arrachés de dessus leur terre que je leur ai donnée, dit l'Éternel, ton Dieu.

Chapitre Dix :
Le Germe

II Samuel 23 v.1-5...L'alliance éternelle de Dieu avec David

Dans les chapitres précédents, les thèmes du Messie en tant que Semence, Roi et Prophète ont été examinés, mais dans le présent chapitre, l'attention est portée sur un autre thème des Écritures : Le Messie en tant que Germe. Les prophètes développent ce thème, en se basant sur des paroles de David dans II Samuel 23 v.1-5, qui réaffirme l'alliance éternelle de D.ieu avec lui :

¹Voici les dernières paroles de David. Parole de David, fils d'Isaï, Parole de l'homme haut placé, De l'oint du Dieu de Jacob, Du chantre agréable d'Israël.

² L'esprit de l'Éternel parle par moi, Et sa parole est sur ma langue.

³ Le Dieu d'Israël a parlé, Le rocher d'Israël m'a dit : Celui qui règne parmi les hommes avec justice, Celui qui règne dans la crainte de Dieu,

⁴Est pareil à la lumière du matin, quand le soleil brille Et que la matinée est sans nuages ; Ses rayons après la pluie font sortir de terre la verdure.

⁵N'en est-il pas ainsi de ma maison devant Dieu, Puisqu'il a fait avec moi une alliance éternelle, En tous points bien réglée et offrant pleine sécurité ? Ne fera-t-il pas germer tout mon salut et tous mes désirs ? (Version L. Segond)

David utilise le terme « germer » ou « fleurir » dans II Samuel 23 v.5b, lorsqu'il déclare : *Ne fera-t-il pas germer tout mon salut et tous mes désirs* ; pousser, germer [tzemach] (cité dans la Jewish Study Bible).

Sur la base de cette référence de David, les prophètes utilisent le mot *Germe* pour désigner le Messie d'Israël. Il est traduit par *Branche* ou *Germe* et vient des mots hébreux *tzemach* et *netser*. Le terme *Germe* devient un terme très spécifique pour désigner le *Mashiah*, le Messie. La question est de savoir ce que David veut dire par ce mot qui signifie *fleurir, croître* ou *germer*.

Dans II Samuel 23, alors qu'il est âgé, David songe à l'alliance éternelle que *HaShem* a conclue avec lui. Il pose cette question de manière rhétorique : Dieu *ne fera-t-il pas* **germer** *tout mon salut et tous mes désirs ?* Ailleurs, dans le Psaume 132 v.17, un cantique des degrés, le psalmiste parle de David. Il déclare : *Là je ferai* **germer la corne** *de David, j'ai préparé une lampe à mon oint*. La corne de David désigne son royaume, sa dynastie, son trône ; elle *germera* et se ramifiera. Ainsi après David, il y a cette perception de l'éternité du trône de David. Dans le Psaume 89, Ethan, qui sert sous le roi Salomon, comprend également l'éternité de l'alliance davidique. Voyons comment le mot *germe* ou *branche* est utilisé en référence au Messie plusieurs centaines d'années après l'époque de David, et plusieurs centaines d'années avant l'époque de Jésus.

Jérémie 23 v.5-6... Le Germe juste

[5]Voici, les jours viennent, dit l'Éternel, et je susciterai à David un **Germe juste** *; et il régnera en* **roi***, et prospérera, et exercera le jugement et la*

justice dans le pays. ⁶Dans ses jours Juda sera sauvé et Israël demeurera en sécurité ; et c'est ici le nom dont **on l'appellera***, L'ÉTERNEL NOTRE JUSTICE.*

Le prophète Jérémie est le deuxième prophète à utiliser le terme de *Germe* ou *Branche* et il en fait un mot spécifique pour le *Mashiach* [Messie]. Sédécias est roi à l'époque de la prophétie de Jérémie, et il est au bout d'une longue lignée de rois iniques, commençant par Achaz et Manassé et s'étendant jusqu'à tous les fils et petits-fils de Josias. Sédécias est le dernier roi de Juda dont le nom, ironiquement, signifiait « *Yahvé* est justice ».

Or ce passage est écrit à l'époque où Sédécias est roi. Jérémie oppose donc la signification du nom de Sédécias, roi qui est inique et infidèle, à celui d'un *Germe juste, qui régnera en tant que roi*, et ce roi sera appelé *L'ÉTERNEL NOTRE JUSTICE*. Parce que Sédécias ne vit pas conformément à la signification de son nom, *HaShem* va *susciter à David un Germe juste*. Le contraste est clair : l'un est injuste par sa nature, et l'autre, qui est le Germe juste, sera juste par son caractère. À souligner qu'Il ne deviendra pas juste, mais qu'Il *sera* justice.

Le premier livre du Nouveau Testament est l'Évangile de Matthieu, qui se concentre sur les qualifications royales de *Yéchoua*. Le thème du livre de Matthieu est *Yéchoua*, le Germe juste, le Roi des Juifs. Matthieu écrit son ouvrage pour montrer au peuple juif que *Yéchoua* est celui qui est promis depuis la Genèse jusqu'au livre des Chroniques, celui auquel Moïse et les Prophètes font référence, la **Semence**, le **Roi** juste et le **Prophète**.

Zacharie 3 v.8... Le Serviteur de D.ieu le Germe

> *Écoute, Joshua, grand sacrificateur, toi et tes compagnons qui sont assis devant toi, car ce sont des hommes qui servent de signes ; car voici, je ferai venir* **mon serviteur***,* **le Germe** [de David].

Le prophète Zacharie est le troisième prophète à utiliser le terme de *Germe* ou *branche*, un terme spécifique pour désigner le **Mashiach** [Messie]. Zacharie prophétise pendant la période post-exil, alors que 50 000 Juifs sont revenus de Babylone sous la direction de Zorobabel. Ses prophéties datent de la fin du 6e siècle avant notre ère. Elles sont donc postérieures de près de 100 ans à celles de Jérémie et de plus de 400 ans à celles de David.

Zacharie 3 v.8 fait partie d'une vision de Zacharie dans laquelle il assiste à une scène de tribunal où Satan adresse un reproche à l'*Ange de l'Éternel* au sujet de Josué, le grand prêtre. Il s'agit du même *Ange de l'Éternel* que celui que nous rencontrons dans Genèse, dans Exode, lors de la sortie d'Égypte vers Canaan, et dans les Juges. Examinons le contexte de la vision dans Zacharie 3 v.1-10 :

> *¹Il me fit voir Josué, le souverain sacrificateur, debout devant l'ange de l'Éternel, et Satan qui se tenait à sa droite pour l'accuser.*
>
> *²L'Éternel dit à Satan : Que l'Éternel te réprime, Satan ! que l'Éternel te réprime, lui qui a choisi Jérusalem ! N'est-ce pas là un tison arraché du feu ?*
>
> *³Or Josué était couvert de vêtements sales, et il se tenait debout devant l'ange.*
>
> *⁴L'ange, prenant la parole, dit à ceux qui étaient devant lui : Otez-lui les vêtements sales ! Puis il dit à Josué : Vois, je t'enlève ton iniquité, et je te revêts d'habits de fête.*

⁵Je dis : Qu'on mette sur sa tête un turban pur ! Et ils mirent un turban pur sur sa tête, et ils lui mirent des vêtements. L'ange de l'Éternel était là.

⁶L'ange de l'Éternel fit à Josué cette déclaration :

⁷Ainsi parle l'Éternel des armées : Si tu marches dans mes voies et si tu observes mes ordres, tu jugeras ma maison et tu garderas mes parvis, et je te donnerai libre accès parmi ceux qui sont ici.

⁸Écoute donc, Josué, souverain sacrificateur, toi et tes compagnons qui sont assis devant toi ! car ce sont des hommes qui serviront de signes. Voici, je ferai venir mon serviteur, le germe.

⁹Car voici, pour ce qui est de la pierre que j'ai placée devant Josué, il y a sept yeux sur cette seule pierre ; voici, je graverai moi-même ce qui doit y être gravé, dit l'Éternel des armées ; et j'enlèverai l'iniquité de ce pays, en un jour.

¹⁰En ce jour-là, dit l'Éternel des armées, vous vous inviterez les uns les autres sous la vigne et sous le figuier. (Version L. Segond)

Selon le verset 3 : *Et Josué était couvert de vêtements sales, et il se tenait debout devant l'ange.* À noter que Josué et Satan se tiennent tous deux devant *l'ange de l'Éternel*. Il faut souligner ce que fait l'Ange aux versets 2 et 4. Tout d'abord, Il *réprime* Satan et ensuite, Il fait ôter les *vêtements sales* de Josué qui représente symboliquement l'iniquité de Josué et d'Israël. Un principe est clairement énoncé dans le *Tanakh* : Seul *HaShem* peut réprimander Satan et seul *HaShem* peut pardonner et effacer les péchés, et c'est ce que fait ici *l'ange de l'Éternel* ! Il fait Lui-même ce que seul D.ieu peut faire, pardonner les péchés et réprimander Satan.

Aux versets 6-7, *l'ange de l'Éternel* s'adresse à Josué *au nom de HaShem* et lui dit : *Si tu marches dans mes voies et si tu observes mes ordres, tu jugeras ma maison et tu garderas mes parvis,* tu (Josué) seras récompensé.

Au verset 8, *l'ange de l'Éternel dit* Je [*HaShem*] *ferai venir mon serviteur, le germe* [*BRANCH*] *de David.* Le Serviteur, le GERME, est alors directement relié à *la pierre qui a sept yeux* [verset 9] que l'ange de l'Éternel gravera, puis Il parle de nouveau au nom de *HaShem*, disant que Lui, *l'ange* [Messager] *de l'Éternel, enlèvera l'iniquité de ce pays, en un jour.*

Nous voyons donc dans ce passage que, non seulement *l'ange de l'Éternel* enlève de façon symbolique le péché de Josué, mais qu'il ôte aussi l'iniquité du pays en un seul jour. *L'ange de l'Éternel* est D.ieu, et cependant distinct de D.ieu ; Il est la deuxième personne de l'unité plurielle de *Elokim*. Il s'agit là d'un événement futur qui doit encore se produire. L'iniquité d'Israël perdure encore aujourd'hui. Regardez le péché et le vice qui se produisent dans des endroits comme Tel Aviv, Haïfa, Tibériade et Jérusalem en Israël ; et New York City, Chicago, Miami et Los Angeles aux États-Unis ; Paris et Londres en Europe ; ou Buenos Aires, en Argentine, ou Sao Paulo, au Brésil, en Amérique du Sud, pour n'en citer que quelques-uns. Avec la disparition du temple et en l'absence d'un moyen de ramener Israël à D.ieu, la relation brisée actuelle d'avec D.ieu n'a pas de remède. Le judaïsme rabbinique n'offre aucune solution pour réunir le peuple de D.ieu avec *HaShem*. Mais à cause du péché actuel d'Israël, D.ieu se tait, et l'éclipse de D.ieu avec le peuple juif perdure.

La bonne nouvelle est que cette éclipse n'a pas lieu d'être, car le GERME promis sera envoyé, sous la forme d'un serviteur, le Serviteur de l'Éternel dont Ésaïe parle dans les chapitres 42, 49, 53 et 61.

Cette bonne nouvelle est rappelée dans le livre de Marc, le deuxième évangile du Nouveau Testament, qui présente Yéchoua comme le Serviteur, le Germe. Le Nouveau Testament est écrit par des Juifs qui connaissent les prophéties du *Tanakh*.

Zacharie 6 v.12... Un homme qui est le Germe avec deux couronnes

Pour la deuxième fois, Zacharie utilise le terme spécifique de *Germe* ou de *Branche*, mais il introduit ce qui semble être une identité défendue. Dans le contexte du chapitre 6 de Zacharie, **Josué**, le souverain sacrificateur, est à nouveau mentionné, étant couronné cette fois-ci symboliquement avec non pas une, mais **deux couronnes**. Zacharie associe deux fonctions qui, dans le *Tanak*h, ne peuvent être exercées ensemble ni par un prêtre ni par le roi. L'histoire du roi Ozias est une violation flagrante de ce commandement (II Chroniques 26 v.16-23). La *couronne* est l'attribut du roi et du prêtre, et, sous la Loi, le roi ne peut pas partager sa fonction avec le prêtre et vice versa. Si l'on examine les versets 12-13 :

> *[12]Et tu lui parleras, disant, Ainsi parle* **l'Éternel des armées, disant, Voici un homme dont le nom est Germe** [la Branche]*, et il germera de son propre lieu, et* **il bâtira le temple** *de l'Éternel.[13]Lui,* **il bâtira le temple** *de l'Éternel, et* **il portera la gloire***, et il* **s'assiéra, et dominera sur son trône***, et il* **sera sacrificateur sur son trône** *; et le conseil de paix sera entre eux deux.*

Ici, *HaShem* dit clairement que l'homme, un homme spécifique dont le nom est le *Germe* ou la *Branche*, est le *Mashiach* [Messie]. Il est dit que *l'homme dont le nom est GERME*, construira le Temple du Millénium. *De qui* portera-t-Il la gloire dans le Temple ? Il portera la gloire de *HaShem*.

Le *Mashiach* s'assiéra sur le trône en tant que prêtre et roi ; sous la Loi, cela n'est même pas envisageable. Toutefois, Sa prêtrise ne sera pas selon l'ordre lévitique, mais selon un ordre différent, l'ordre de Melchisédec, comme le prophétise le Psaume 110 v.1-4.[57] Néanmoins, Zacharie révèle que l'*homme dont le nom est Germe* est le Messie qui portera la gloire de *HaShem*.

Le livre de Luc, troisième évangile du Nouveau Testament, présente le thème de la Branche, de l'Homme parfait avec *Yéchoua en tant qu'homme*.

Le Germe de l'Éternel... Ésaïe 4 v.2 ; 11 v.1

Le premier prophète à utiliser le terme spécifique *Germe* ou *Branche* est Ésaïe ; il l'utilise à deux occasions, en Ésaïe 4 v.2 et Ésaïe 11 v.1. Les versets sont les suivants :

[4 v.2] **En ce jour-là,** *il y aura un* **germe de l'Éternel** *pour splendeur et pour gloire, et le fruit de la terre, pour magnificence et pour ornement, pour les réchappés d'Israël* **;**

[11 v.1] *Et il sortira un rejeton du tronc d'Isaï, et* **une branche de ses racines** *fructifiera ; et l'Esprit de l'Éternel reposera sur lui...*

Le *terme en ce jour* utilisé dans Ésaïe 4 v.2 fait référence à la période juste avant la venue du Messie et l'établissement du Royaume qui constitue l'accomplissement de toutes les alliances : l'alliance abrahamique, celle de la terre, l'alliance davidique et la Nouvelle alliance. Ésaïe s'inspire des déclarations de David et d'Ethan (Psaume 89) et applique le terme de germe à *l'Éternel* ou à *HaShem*. Ici, Ésaïe déclare

---

[57] Voir le Nouveau Testament, épître aux Hébreux : Hébreux 7 v.1-28.

que le germe est le *germe de l'Éternel*, le *germe de HaShem*, et il met l'accent sur sa divinité.

Ésaïe 4 v.2 présente le *Germe* comme étant *HaShem*, le Germe qui est divin ; Ésaïe 11 v.1 présente l'humanité du *Germe [Branche]*.[58] C'est très difficile à saisir, mais c'est ce qu'Ésaïe présente au lecteur. Le Messie viendra de manière insignifiante comme un enfant d'Isaï [Jessé], et non pas dans l'apparat royal. Comment se fait-il qu'Il soit à la fois divin et d'origine modeste ?

Ésaïe présente le Germe [Branche] comme étant à la fois divin et humain, et c'est aussi le thème du livre de Jean, qui est le quatrième Évangile du Nouveau Testament. Jean présente *Yéchoua* comme étant le D.ieu/homme qui associe les deux natures dont parle Ésaïe dans Ésaïe 4 v.2 et Ésaïe 11 v.1. Tout comme les prophètes se concentrent sur les quatre aspects du Germe [Branche], chacun des quatre auteurs des Évangiles reprend l'un de ces quatre thèmes pour présenter *Yéchoua* comme le Messie juif.

Passons en revue ce que Jérémie, Zacharie et Ésaïe disent du Germe, ou de la Branche, le *Mashiach* (le Messie) :

- Jérémie 23 : Le *Mashiach* sera le Rameau Juste, car Il incarne la justice, et Son nom est *LE SEIGNEUR NOTRE RIGUEUR*. Remarquez également que le Rameau Juste est un homme suscité à David. Il sera le roi des Juifs.

- Zacharie 3 : Jérémie présente le côté « Roi de Justice » du caractère du Germe ; ici, Zacharie le présente comme « *mon serviteur, le Germe* ». Zacharie Le présente comme un homme (le Roi

---

[58] Lire dans le Nouveau Testament, Évangile selon Luc, chapitre 4 v.16-21.

Juste) qui « *ôtera l'iniquité de ce pays en un jour* ». Voici un homme qui efface l'iniquité d'Israël, ce que seul *HaShem* peut faire ; Il est le Serviteur, le Germe.

- Zacharie 6 : Une fois encore, Zacharie ne fait pas que présenter le *Mashiach* (le Messie) en tant que *serviteur* qui sera aussi le Roi Juste, mais maintenant il présente le *Germe*, le *Mashiach*, comme l'homme *dont le nom est le Germe*. Zacharie présente le côté humain du *Mashiach*, tandis que Jérémie présente Son côté divin, celui qui incarne la Justice en tant que Roi. Cet homme est l'homme Juste et Parfait, le Germe.

- Ésaïe 4 et 11 : Ésaïe souligne à la fois la divinité et l'humanité du Germe dans ces passages contrastés. C'est un concept très difficile à saisir pour un Juif, mais ce sont là les paroles d'Ésaïe, le prophète de D.ieu.

En résumé, les prophètes déclarent que le Germe est le Germe Juste (*HaShem*), le Roi (un homme), le Serviteur de D.ieu, le Germe (qui apporte la réconciliation), un Homme portant deux couronnes (un prêtre humain qui gouverne, revêtu de la gloire de *HaShem*), et enfin, le Germe qui est à la fois divin et humain (la grandeur de D.ieu manifestée sous l'humble forme d'un homme).

Chapitre Onze :
La Parole du Seigneur

Dans le troisième chapitre, nous avons examiné l'usage pluriel de différents noms de D.ieu, ainsi que les pronoms et les descriptions pluriels de D.ieu. Cela est contraire au judaïsme rabbinique qui enseigne l'unité absolue de D.ieu. Pourtant, le *Tanakh* contient une multitude de références de la pluralité dans l'unité de D.ieu, tout comme l'homme est une pluralité dans l'unité : corps, âme et esprit. Ces références ne peuvent tout simplement pas être ignorées ou prouvées. Dans ce chapitre, un autre terme descriptif pour HaShem est examiné : la Parole de *HaShem*. Les rabbins du premier siècle attribuent à la Parole (le *Memra*) de l'*Éternel* (*HaShem*) plusieurs caractéristiques qui vont être brièvement passées en revue.

Le Verbe [Memra] — Distincte cependant égale

Les passages qui montrent que l'*ange de l'Éternel* ou *HaShem* est à la fois égal et distinct de *Elokim*[59] ont été examinés en ***premier***. Il existe un autre nom pour la deuxième personne de *Elokim*, celui-ci étant *la Parole de l'Éternel* ou la Parole de *HaShem*. Les rabbins du passé la désignent sous le nom de *Memra*, mot araméen signifiant « verbe ». Cette distinction se retrouve dans la Genèse 15 v.1, 4 où la *parole* est l'auteur de l'alliance abrahamique (Juges 2 v.1) et est identifiée comme étant *la*

---

[59] Évangile selon Jean, chapitre 1 v.1-2.

parole de l'Éternel, HaShem, le Memra. Les sages d'autrefois font la distinction entre *HaShem* et la Parole de *HaShem*, le *Memra*, mais ils ne vont pas plus loin. Cependant, ils la soulignent.

Le Verbe [Memra] — Agent de la création

Deuxièmement, les rabbins voient que l'agent de la création, la Parole de *HaShem*, le *Memra*, est une personne, car le Psaume 33 v.6 énonce ce qui suit :

> *Les cieux ont été faits par la parole de l'Éternel, et toute leur armée* **par l'esprit de sa bouche**.

Le psalmiste attribue une personnalité à la Parole, le *Memra*, en tant que personne distincte au sein de la pluralité de *Elokim*. On constate également que la deuxième personne de *Elokim* est le Créateur dans Ésaïe 48 v.12-16, Zacharie 12 v.1, 10 et un pluriel de *Elokim* dans Ecclésiaste 12 v.1.[60]

Le Verbe [Memra] — Agent du salut

Troisièmement, dans Osée 1 v.7, l'Éternel attribue le statut de personne à la *Parole de l'Éternel* [*HaShem*] qui apporte le salut, car Il déclare aux versets 1 et 2 que *la Parole de l'Éternel* [*HaShem*] parle, et Il rapporte qu'elle déclare au verset 7 :

> **Mais je ferai** *miséricorde à la maison de Juda, et* **je les sauverai par l'Éternel leur Dieu** [*Elokim*] *; et je ne les sauverai pas par l'arc, ni par l'épée, ni par la guerre, ni par des chevaux, ni par des cavaliers.*

---

[60] Dans le Nouveau Testament, Évangile selon Jean 1 v.1-3, 10, la Parole est identifiée au Messie *Yéchoua*.

Ici, dans Osée 1 v.7 la Parole de *HaShem*, le *Memra*, est faite agent du Salut.[61]

Le Verbe [Memra] — Agent par lequel HaShem se révèle Lui-même

Quatrièmement, la Parole de *HaShem*, le *Memra*, est aussi l'agent par lequel *HaShem* se révèle à l'humanité.[62] À titre d'exemple, dans Genèse 15, *HaShem* confirme l'alliance abrahamique par laquelle il s'engage pour l'éternité avec Abraham et avec vous qui êtes ses descendants. Mais ici, il y a un nouveau nom pour *Elokim* ; Il agit indépendamment et pourtant en harmonie avec *Elokim* en tant que la *Parole de HaShem*, le *Memra*. Dans Genèse 15 v.1, il est dit :

> *Après ces choses,* **la parole de l'Éternel fut adressée à Abram** *dans une vision, disant, Abram, ne crains point ; moi, je suis ton bouclier et ta très grande récompense.*

La même personne reprend la parole au verset 4. Ici, ce n'est pas *HaShem*, *Elokim* ou *Adhonai* qui parle, mais *la Parole de l'Éternel* [*HaShem*], le *Memra*. La *Parole de l'Éternel* [*HaShem*] conclut l'alliance avec Abraham en marchant entre les animaux coupés [en tant que *Shechinah*] et en ne permettant pas à Abraham d'y participer, si ce n'est pour regarder. Il s'agit d'une alliance de sang solennelle dans les temps anciens entre deux parties. La Parole de l'Éternel [*HaShem*] confirme l'alliance avec Lui-même. Plus loin, dans Juges 2 v.1, dans la section des Prophètes du *Tanakh*, nous voyons que c'est l'Ange de l'Éternel qui conduit Israël d'Égypte en Terre promise, et Il déclare qu'Il est l'auteur de

---

[61] Voir Nouveau Testament, Évangile selon Jean 1 v.12.

[62] Voir dans le Nouveau Testament, Évangile selon Jean 1 v.14.

cette alliance. Pourtant, le judaïsme rabbinique ne veut pas le reconnaître parce que cela signifie une pluralité de *Elokim* ou *HaShem*, les deux noms étant interchangeables dans le *Tanakh*. C'est le cas de toutes les autres références au pluriel dans le *Tanakh*, et on peut se demander si Yéchoua a raison lorsqu'Il dit : *Moi et le Père nous sommes un*[63], ou *Celui qui m'a vu, a vu le Père.*[64] Voici donc à nouveau une référence à la pluralité de *Elokim*, le *Memra*, qui est pourtant un. Il n'est pas divisible, Il est indivisible, Il est un (*echad*). Ce n'est pas le seul passage de ce genre.

Selon I Samuel 3, Samuel est élevé par Eli, le grand prêtre, et HaShem lui adresse la parole. Le verset 7 fait de la *Parole de l'Éternel*, le *Memra*, l'égale *HaShem* et pourtant il l'en distingue. Selon le verset 21 :

> *Et l'**Éternel** continua d'apparaître à Silo ; car l'**Éternel** se révélait à Samuel, à Silo, **par la parole de l'Éternel**.*

HaShem apparaît ; c'est le mot pour la manifestation physique comme dans Genèse 12 v.7 et 17 v.1 où *HaShem* apparaît à Abraham. Selon I Samuel 3 v.21, *HaShem* apparaît comme *la parole de l'Éternel*, ou le *Memra*, comme une pluralité en un seul [*echad*]. La Parole de *HaShem*, le *Memra*, l'Ange de *HaShem*, le Commandant de l'armée de *HaShem*, la gloire *Shechinah*, ou la présence de *HaShem*, montrent tous clairement la pluralité de *Elokim* et de *HaShem*. La Parole de *HaShem*, le Memra, sont un [*echad*] et pourtant distincts, une pluralité comme la Seconde Personne de *Elokim* qui révèle le Père à vos pères.

---

[63] Voir dans le Nouveau Testament, Évangile selon Jean 10 v.30.

[64] Voir dans le Nouveau Testament, Évangile selon Jean 14 v.19.

Le Verbe [Memra] — Agent de la révélation

Cinquièmement, on constate également que c'est *la parole de l'Éternel, HaShem,* le *Memra,* qui révèle la volonté du Père à Moïse et aux prophètes. Il est l'agent de la révélation qui parle à Abraham, Samuel, Nathan, Salomon, Élie, Isaïe, Jérémie, Ézéchiel, Osée, Joël, Jonas, Michée, Sophonie, Zacharie et Malachie, pour n'en citer que quelques-uns.[65]

Le Verbe [Memra] — Agent authentifiant les alliances

Pour finir, *la parole de l'Éternel, HaShem* est l'agent qui authentifie les alliances. On a vu que c'est par la Parole de *HaShem* que les alliances d'Abraham et de David ont été scellées. Pourtant, alors que *Yeshoua* partage le dernier Seder de Pâque avec Ses disciples avant d'être condamné injustement et de souffrir la crucifixion, Il prend la troisième coupe après le repas, la coupe de la Rédemption, et Il déclare que par Son sang, Il inaugure la Nouvelle alliance que *HaShem* mentionne dans Jérémie 31 v.31-34 [30-33] (Ésaïe 42 v.6). Il s'agit de la circoncision du cœur dont parlent Moïse (Deutéronome 10 v.16 ; 30 v.6), Ézéchiel (36 v.22-28) et Jérémie (4 v.4 ; 9 v.25-26) en réponse au cœur rebelle d'Israël.

On note également dans Ésaïe 42 v.6, *HaShem* s'adressant au Serviteur de l'Éternel, qui est le Messie, en tant qu'alliance pour Israël et lumière pour les nations.

> *Moi, l'Éternel, je t'ai appelé en justice ; et je tiendrai ta main ; et je te garderai ; et je te donnerai*

---

[65] Voir dans le Nouveau Testament, Évangile selon Jean 1 v.18.

pour être une alliance du peuple, pour être une lumière des nations [Gentils].

Ce verset d'Ésaïe est à mettre en parallèle avec le passage où *Yéchoua* présente la troisième coupe lors du repas de la Pâque, la coupe de la Rédemption, et où Il inaugure avec Son sang la *nouvelle alliance* mentionnée dans Jérémie 31 v.31-34 [30-33].[66]

On voit que le *Tanakh* parle de D.ieu comme d'une pluralité dans l'unité (*echad*), qu'il s'agisse de *l'Ange de l'Éternel*, de l'*Éternel*, de la *Shechinah*, du Créateur, du Germe ou de la Parole [*Memra*] de l'*Éternel*. Il présente à Israël Son unicité dans la pluralité. La Parole ou *Memra* est également présentée sous de multiples facettes, tout en étant unique, en relation avec les six aspects que les anciens rabbins ont vus et évoqués. Il y a trop de coïncidences pour qu'il s'agisse d'un accident dans les pages du *Tanakh*. Le D.ieu d'Israël se révèle volontairement à Israël comme une pluralité dans l'unité (*echad*), mais aujourd'hui, comme au temps de *Yéchoua*, c'est une question très sensible au sein du judaïsme. Cependant, lorsque les mots utilisés par l'auteur des Écritures sont étudiés, le lecteur commence à saisir la personne et le cœur de *HaShem* qui, avec le temps, s'est éclipsé de Son peuple, Israël.

---

[66] Voir les passages suivants du Nouveau Testament : Luc 22 v.20 ; Marc 14 v.23-25 ; Matthieu 26 v.26-29.

Chapitre Douze : Comment Yéchoua pourrait-Il être le Messie ?

Pourquoi le judaïsme et le christianisme ne se sont-ils jamais vraiment entendus ? Le christianisme que vos ancêtres ont connu est un système religieux corrompu, compromis, criminel et apostat qui a dirigé son zèle dévoyé contre vos pères en raison de la mort de *Yéchoua* (Jésus). Dans les coulisses, Satan a usé de toute son influence pour développer l'antisémitisme, tout comme il a tenté de le faire par l'intermédiaire du méchant Haman à l'époque de la reine Esther. Après 325 de notre ère, l'église a accommodé sa foi et a commencé à devenir, dans de nombreux cas, une organisation condamnable. Vos pères n'en connaissent que trop bien les conséquences alors que nous contemplons l'histoire. L'Holocauste a été l'apogée de toutes ces hérésies passées de la part des soi-disant chrétiens. Pourtant, même sur les cendres de l'Holocauste, *HaShem* travaillait pour amener les nations du monde à être favorables à la renaissance de la Nation d'Israël en 1948.

La grande injustice de la persécution justifie-t-elle le rejet du Nouveau Testament ? Le Nouveau Testament n'est pas invalidé parce que des passages ont été sortis de leur contexte et utilisés contre le peuple juif. En outre, le Nouveau Testament n'enseigne pas l'idolâtrie. De telles pratiques ne proviennent pas du Nouveau Testament ; elles sont issues de la corruption de l'église catholique romaine et d'autres églises orthodoxes. L'antisémitisme n'est pas enseigné dans le Nouveau Testament, mais il a commencé à se répandre dans l'église 300 ans après la rédaction des livres du Nouveau Testament. Le Nouveau Testament n'autorise en aucun cas l'enseignement antijuif, pas plus que le *Tanakh*. Il est important d'interpréter littéralement le texte du Nouveau Testament, de ne pas le spiritualiser ou de sortir des versets de leur contexte dans le but de l'accorder aux préjugés qui nous ont été transmis.

Les causes de la scission

Pourquoi y a-t-il une division entre la vraie foi du Nouveau Testament et le judaïsme ? Avant de répondre à la question, il y a lieu d'aborder plusieurs points.

Rupture

- *HaShem* a communiqué Lui-même avec vos pères et Il leur a donné une loi à laquelle ils devaient obéir.
- Cependant, Israël, en rébellion contre HaShem, a régulièrement choisi d'enfreindre la loi de Moïse et d'adorer des dieux païens.
- *HaShem* a répondu par des malédictions (Deutéronome 28 v.15-69) et finalement, Il a envoyé vos pères dans le centre même de l'idolâtrie, l'Empire babylonien. Israël a bien appris sa leçon et abandonné l'adoration des dieux païens, mais il n'est jamais vraiment revenu à *HaShem* de tout son cœur, de toute son âme et de toute sa force.

Attitude défensive

À leur retour de captivité, vos pères ont jugé que ce n'était pas une bonne expérience et ils ont décidé de ne pas la renouveler. Ils veillèrent donc à ne plus jamais adorer les dieux païens. L'accent a été mis sur l'unicité de *HaShem*, et cela à juste titre. Ils ont été confrontés à un problème : lorsque les scribes étudiaient le *Tanakh*, ils voyaient certaines des mêmes références plurielles que celles qui sont soulignées dans ce livre. Ce fut un réel combat intérieur, mais en raison de leur application à maintenir l'unicité de HaShem, ils ont choisi l'unicité absolue [*yachid*], laissant ainsi de côté ce que *HaShem* annonçait. Ils se disaient : « Ce n'est pas possible, *HaShem* n'est pas pluriel, Il est un [*yachid*]. Il doit y avoir une autre réponse ». Ils n'ont pas saisi le fait que *HaShem* se présentait comme un, mais comme un dans l'unité, ce qui signifie qu'Il y a une pluralité de personnes dans cette unité d'un [*echad*].

Nous connaissons maintenant la différence entre ces deux mots hébreux, *echad* et *yachid*. Le judaïsme contourne ce que *HaShem* dit de Lui-même parce qu'il ne veut plus jamais être coupable d'adorer des idoles. Il continue donc à défendre l'idée de l'unicité absolue [*yachid*] de HaShem plutôt que d'accepter la pluralité dans l'unicité [*echad*].

Une pierre d'achoppement

Puis vient Jésus de Nazareth qui affirme que Lui et le Père ne sont qu'un [*echad*], et qu'Il fait partie de l'unité plurielle de *Elokim*, qu'Il est venu en tant que Messie prophétisé par Moïse et les prophètes dans le *Tanakh*, pour révéler en personne le Père à Israël. Les Pharisiens et les Sadducéens ne peuvent l'accepter, car ils sont tenus par le concept de l'unité absolue [*yachid*] de *HaShem* et ne sont pas capables de voir ce que le *Tanakh* présente : une pluralité en un [*echad*].

Jésus s'en prend également à la Loi orale en disant qu'il s'agit de règles et de règlements élaborés par l'homme et qu'ils ne viennent pas du Sinaï. C'est la raison pour laquelle les pharisiens l'ont méprisé. Par la suite, ils ont attribué tout ce que faisait *Yéchoua* à la puissance du diable.[67] À partir de ce moment-là, ils ont cherché une occasion de le faire disparaître ou de le tuer. Des siècles plus tard, de soi-disant chrétiens ont repris cette idée et vous ont appelés, vous les Juifs, « meurtriers du Christ ». Dans leur sottise spirituelle, ils n'ont pas vu que les prophètes avaient annoncé que le Messie viendrait, souffrirait et mourrait pour les péchés des Juifs et des Gentils. Les soi-disant chrétiens ont pointé du doigt le peuple juif, alors que l'église était tout aussi rebelle et désobéissante aux enseignements de Jésus et des apôtres qu'Israël l'était à l'égard de Moïse et des prophètes. La nature humaine pécheresse est la même, que l'on soit juif ou issu des nations. Nous sommes tous des pécheurs par nature et dans la pratique ; nous levons souvent le poing vers le ciel pour dire à *HaShem* de nous laisser faire les choses à notre manière (Ésaïe 53 v.6) et qu'Il doit simplement sortir de notre vie, ce qu'il fait. Ensuite, nous nous demandons pourquoi Il est silencieux ! Aujourd'hui, c'est aussi vrai pour le peuple juif que pour les soi-disant chrétiens.

---

[67] See the New Testament Gospel of Matthew in chapter 12:22-45.

Interprétation théologique concernant le Messie

Une ou deux venues ?

Les croyants du Nouveau Testament enseignent que, selon le *Tanakh*, un seul Messie viendra à deux reprises, une **première fois** en tant que Messie souffrant qui meurt pour les péchés du monde afin que la relation entre un D.ieu saint et l'homme pécheur puisse être rétablie. Il doit venir une **deuxième fois** en tant que roi, alors qu'Il établira le royaume messianique et accomplira toutes les promesses qu'Il a faites à Abraham, David et Israël, telles qu'elles sont consignées dans les Écritures hébraïques. Toutefois, le judaïsme rabbinique n'est pas du tout d'accord sur ce point, bien que les juifs orthodoxes religieux croient en la venue d'un messie en tant que personne ; ils croient cependant en deux messies *humains* qu'ils appellent le Messie ben Joseph, qui souffrira et mourra, et le Messie ben David, qui viendra et régnera.

Un Messie ou deux ?

Il est intéressant de remarquer que, si certains juifs et chrétiens voient le Messie faire deux apparitions, ils ne sont pas d'accord sur l'identité et le caractère du Messie. Les croyants du Nouveau Testament affirment que le Messie est *Yéchoua*, D.ieu incarné qui apparaît à deux reprises. Le judaïsme rabbinique voit deux messies humains distincts faisant chacun une apparition. Mes amis juifs me disent que le judaïsme séculier, tout comme le judaïsme réformé ainsi que la majeure partie du judaïsme conservateur, ne croient pas du tout en un messie venant en personne. Ils croient simplement que c'est à eux de rendre le monde meilleur. Permettez-moi de vous poser une question directe, en toute honnêteté : cela fonctionne-t-il pour vous ?

Tout d'abord, il y a une différence théologique entre le judaïsme et le christianisme au sujet de la divinité de *Yéchoua*. Aujourd'hui, le judaïsme et le christianisme se disent tous deux monothéistes. Le judaïsme, qui ne comprend pas le *Tanakh*, la Loi et les Prophètes, qualifie de *trithéistes* les vrais croyants du Nouveau Testament qui croient en D.ieu le Père, D.ieu le Fils et D.ieu l'Esprit. Ils affirment que les vrais croyants du Nouveau Testament adorent trois dieux et qu'ils sont donc des idolâtres. En outre, l'histoire antisémite de l'église a rendu le mur entre le peuple juif et les vrais croyants du Nouveau Testament presque infranchissable. Nous sommes donc aujourd'hui éloignés les uns des autres à cause du refus des anciens rabbins de voir ce que *HaShem* écrit et à cause de l'aveuglement du christianisme qui hait le peuple juif et le tient pour responsable de l'acte d'avoir en quelque sorte « tué D.ieu ». Les deux groupes sont en fait coupables devant un D.ieu saint qui doit les juger pour leurs péchés.

Chapitre Treize : Comment le reconnaître quand Il viendra ?

Historiquement, les rabbins rejettent les affirmations selon lesquelles *Yéchoua* est le Messie promis à Israël, *tout d'abord* parce qu'Il prétend être D.ieu, et *ensuite* parce qu'ils ne se concentrent que sur un seul aspect de la venue du Messie. Ils se sont concentrés uniquement sur la venue du roi au lieu d'associer les deux venues du Messie. Lors de Sa première venue, Il vient mourir en tant que sacrifice pour le péché en versant Son sang, avant de revenir une seconde fois en tant que roi pour accomplir les promesses associées aux alliances. Du point de vue de D.ieu, le péché qui sépare l'homme de D.ieu doit être traité en premier. C'est la condition préalable à l'accomplissement des alliances. Tout cela est dit parce que le judaïsme rabbinique enseigne que le Messie viendra en tant que Roi conquérant. Parce que *Yéchoua* n'a pas instauré le Royaume, pour eux, Il n'est pas le Messie. Voici quatre objections courantes à l'encontre de *Yéchoua* en tant que Messie envoyé par D.ieu :

Premièrement, les rabbins disent qu'Il n'a pas construit le temple parce que le temple d'Hérode était encore debout en l'an 30 de notre ère. Pourtant, dans Daniel 9 v.24-27, *HaShem* déclare que le Messie viendra et *sera retranché, et que la ville et le lieu saint seront détruits*. Zacharie parle de la venue du Mashiach (le Messie) et de la construction de ce qui sera le Temple du Millénium (Zacharie 6 v.12 ; 1 Chroniques 17 v.12). À souligner aussi que le Temple du Millénium est décrit dans les chapitres d'Ézéchiel 40 à 48 ; il sera plus glorieux que le Temple d'Hérode. De même, la *Shechinah* qui a quitté le Temple de Salomon (chapitres 8 à 11 d'Ézéchiel) n'est pas revenue dans le temple de Zorobabel ni dans le temple d'Hérode rénové. Sa venue est encore future.

Deuxièmement, les rabbins disent que Yéchoua n'a pas rassemblé le peuple juif de la Diaspora, par conséquent, Il n'est pas le Messie. En fait, après l'an 70 de notre ère, la Diaspora était même plus importante. *Premièrement*, *Yéchoua* n'a pas été accepté en tant que *Mashiach*. *Deuxièmement*, le rassemblement n'a pas eu lieu : pourquoi ? La Nouvelle alliance a-t-elle pris pleinement effet ? Le cœur d'Israël est-il circoncis (Deutéronome 30 v.6 ; Jérémie 31 v.31-34 ; Ézéchiel 36 v.23-35 ; Ésaïe 59 v.20-21 ; Romains 11 v.25-28) ? Le salut est-il venu en Israël en un seul jour, comme l'annoncent les prophètes dans la Parole de *Hachem* ? Non, de sorte que la délivrance, la rédemption et le salut d'Israël sont encore à venir, comme le disent les prophètes ; cependant, des jours de détresse attendent encore le peuple juif avant l'accomplissement de Ses alliances. Ce qui est clair dans les Écritures, c'est que le Messie ne s'impose pas par la force à Israël en tant que Roi. Ce n'est que lorsqu'Il est accepté volontairement par Israël qu'Il établit le Royaume. La Diaspora a donc augmenté, non pas le contraire, et elle se poursuit aujourd'hui. Mais le retour dans l'incrédulité a commencé (Ézéchiel 37).

Troisièmement, les rabbins disent que *Yéchoua* n'a pas apporté la paix, ce qui est tout à fait exact. Mais il y a le revers de la médaille : comment pourrait-Il apporter la paix alors que les autorités religieuses juives du premier siècle de notre ère L'ont rejeté et que ce rejet a été violent ? Le judaïsme rabbinique continue à dire que la « religion chrétienne » a été initiée par Ses disciples en l'imposant par l'épée. Il est un fait que plusieurs centaines d'années plus tard, cela est devenu une réalité. Mais à nouveau, l'église est devenue apostate et n'a plus été fidèle à l'enseignement de *Yéchoua* et des apôtres. L'église historique n'aurait JAMAIS dû utiliser l'épée ou contrôler les gouvernements, mais elle se devait d'aimer, ce qu'elle a largement échoué à faire avec un É majuscule.

Les rabbins disent que tous les miracles que *Yéchoua* a faits, il les a faits par le pouvoir du diable et non par le pouvoir de *HaShem*. [68] Même le Talmud ne nie pas que *Yéchoua* a exercé son ministère au début du 1er siècle de notre ère en faisant de nombreux miracles. Mais à cause des prétentions de *Yéchoua* à la divinité et de son désir de renverser la Loi orale, les dirigeants religieux ont complètement rejeté Son offre du Royaume, qui demandait qu'ils mettent leur foi et leur confiance en *Yéchoua*, le reconnaissant comme étant le Prophète comme Moïse. À ce moment-là, *Yéchoua* retira l'offre du Royaume à cette génération, mais Il l'offrira à nouveau à une génération ultérieure, encore à venir. Les miracles étaient Sa marque, montrant qu'il avait en Lui le pouvoir d'instaurer le Royaume ; cependant, Il a été rejeté. Qu'en est-il des 46 faux messies qu'Israël a suivis et qui ont désillusionné le peuple juif ? L'un d'entre eux a-t-il ressuscité des morts, purifié des lépreux, rendu la vue à des aveugles, guéri des boiteux et des estropiés, marché sur l'eau, nourri 5 000 personnes avec deux pains et cinq poissons ou accompli d'autres miracles si

---

[68] Soit dit en passant, ils croyaient en un diable personnel [Satan] alors que le judaïsme rabbinique d'aujourd'hui a créé le mauvais penchant pour le remplacer.

nombreux que les pharisiens ne pouvaient pas en nier l'existence ? Plutôt que d'accepter qui Il est sur la base de Ses références, Ses œuvres et Ses paroles impressionnantes, le sanhédrin (les Pharisiens et les Sadducéens) a affirmé que le pouvoir derrière *Yéchoua* est celui de Satan, ce qui est le péché impardonnable d'Israël envers *HaShem*. Ce type de rejet s'est produit deux autres fois dans l'histoire biblique juive, et le jugement physique a été radical. Voici les deux exemples de rejet que *HaShem* a jugés comme étant des péchés impardonnables méritant d'être jugés physiquement :

1. Dans la *Torah*, les livres de Moïse, aux chapitres 13 et 14 du livre des Nombres, Israël se trouve à l'entrée de la Terre promise, et le peuple se rebelle contre *HaShem* parce qu'il accepte le rapport incrédule de 10 des 12 espions. Pensez-y ; après tous les miracles et toutes les dispositions prises par *HaShem*, Israël rejette Moïse et *HaShem* et veut retourner en Égypte. Qu'arrive-t-il ? L'offre d'entrée en Terre promise est retirée, et pendant 38 ans, jusqu'à ce que cette génération âgée de plus de 20 ans meure, les Israélites vont errer dans le désert. Une nouvelle génération va se lever et ceux qui avaient moins de 20 ans à l'époque de Nombres 13-14 se voient offrir à nouveau le Pays ; ils obéissent et entrent dans le Pays. Le rejet initial est qualifié de péché impardonnable de la part d'Israël. Pourquoi *HaShem* retire-t-Il l'accès au pays ? À cause de la rébellion et de l'incrédulité.

2. Dans II Rois 21-22, II Chroniques 33-34 et Jérémie 15 v.4, le roi Manassé suscite le même type de rejet. À cause de la méchanceté du roi et de l'état de corruption du peuple dans le pays, *HaShem* annonce au roi Josias, petit-fils de

Manassé, que Juda ira en captivité et qu'aucun repentir ne le fera changer d'avis.

C'est ce qui s'est également passé pour le peuple juif avec *Yéchoua*. Il est le Mashiach (Messie) promis, et il fallait qu'Israël le reconnaisse, l'accepte volontairement et Lui obéisse librement afin qu'Il soit leur Messie. Il n'allait pas s'imposer à eux. Israël devait volontairement croire en Lui, en Sa parole et en Ses miracles, et l'accepter avant qu'Il n'installe le royaume, mais Israël ne l'a pas reçu.

Quatrièmement, une autre raison pour laquelle le judaïsme n'a pas accepté *Yéchoua* est qu'Il n'a pas instauré le Royaume ; il ne peut donc pas être le Messie. Cependant, alors que les rabbins admettent volontiers qu'il existe dans le texte hébreu deux types de passages différents concernant le Messie, l'un décrivant un Messie souffrant et l'autre un Messie régnant, ils ne veulent pas accepter *Yéchoua*. Faisons la comparaison entre ce que dit le judaïsme rabbinique et ce que dit *HaShem* :

judaïsme rabbinique	*HaShem*
Deux Messies	Un Messie
Deux Messies venant chacun une fois	Un Messie venant deux fois
Pour souffrir et mourir	Pour souffrir et mourir
Ressuscite	Ressuscite
Vient et règne	Vient et règne
S'efface au profit du règne de D.ieu	Il est le D.ieu/homme, fils de David, qui règne sur le trône de David en tant que D.ieu

Il y a donc deux descriptions différentes : celle du judaïsme rabbinique et celle de *HaShem*. La question est de savoir qui Il est. Quelle est Son identité ? Le premier messie est celui que les rabbins appellent Messie ben Joseph, celui qui vient et meurt. Il est intéressant de souligner que c'est exactement ce qui est arrivé à *Yéchoua*, dans le cadre du plan de D.ieu révélé par *HaShem* à travers Moïse, David, Ésaïe et d'autres. Le deuxième messie que les rabbins nomment Messie ben David, et celui qui règne. Ainsi, ils reconnaissent deux messies distincts, mais tous deux sont totalement humains. Pourtant, aujourd'hui encore, les rabbins rejettent *Yéchoua* parce qu'Il n'a pas instauré le Royaume la première fois ; mais le premier messie du judaïsme rabbinique n'instaure pas non plus le Royaume. Ils ont rejeté la revendication de *Yéchoua*, ce qui a conduit à Ses souffrances et Sa mort comme l'affirment les Psaumes 16 et 22 et Ésaïe 52 v.13 à 53 v.12. Le passage sur le Serviteur dans Ésaïe 53 évoque Son sacrifice de substitution pour les péchés d'Israël. Ainsi, dans les deux cas, le Messie quand il apparaît pour la première fois meurt et ressuscite : le messie du judaïsme rabbinique et le Messie de *HaShem*. Le messie du judaïsme rabbinique meurt au combat ; *Yéchoua* meurt parce qu'Il est rejeté et haï par les siens, mais Il meurt comme l'Agneau parfait de D.ieu. Tout comme l'agneau d'autrefois mourrait à la place du pécheur, le Messie, l'Agneau de D.ieu, meurt à la place du pécheur, tant juif que non juif. Par conséquent, en raison du rejet, Il a annulé l'offre du Royaume. *Yéchoua* fait une déclaration intéressante dans Matthieu 23 v.37-39 :

> [37] *Jérusalem, Jérusalem, la ville qui tue les prophètes et qui lapide ceux* **qui lui sont envoyés, que de fois j'ai voulu rassembler** *tes enfants comme une poule rassemble ses poussins sous ses ailes, et vous ne l'avez pas voulu !* [38] *Voici, votre maison vous est laissée déserte,* [39] **car je vous dis, Vous ne me verrez plus désormais, jusqu'à ce que**

vous disiez, Béni soit celui qui vient au nom du Seigneur!

À noter que *Yéchoua* parle en tant que D.ieu d'Abraham, d'Isaac et de Jacob lorsqu'Il dit « Je ». Il ne dit pas que c'est le Père qui a voulu rassembler Israël et qu'Israël a refusé. Selon Ses paroles, c'est Lui (NdT : *Yéchoua*) qui a envoyé les prophètes qu'Israël a lapidés et tués ; c'est Lui qui a voulu rassembler, protéger et pourvoir aux besoins des enfants d'Israël. À souligner qu'au verset 39, Il proclame ce que les rabbins considèrent comme une salutation messianique lors de la venue du Messie : *Béni soit celui qui vient au nom du Seigneur !*

La prochaine fois qu'Il viendra, ce sera la seconde venue, mais Il ne viendra que lorsqu'Israël le reconnaîtra pour ce qu'Il est et plaidera pour son retour. Dans sa dernière déclaration publique citée ci-dessus, *Yéchoua* dit : « *Vous ne me verrez plus désormais, jusqu'à ce que vous disiez, Béni soit celui qui vient au nom du SEIGNEUR* ». Il est la deuxième personne de l'unité plurielle de *Elokim*, dont parlent Moïse et les prophètes. Cette salutation messianique sera prononcée avant qu'Il ne vienne délivrer Israël des mains de Satan, qui aura donné le pouvoir à l'Antichrist. Cette salutation est tirée du Psaume 118 v.26, qui fait partie des Psaumes du *Hallel*, généralement lus à la Pâque. Cette salutation sera précédée d'une prière de repentance et de confession (Ésaïe 53) concernant la transgression de Daniel 9 v.24 et l'iniquité de Lévitique 26 v.40, qui est le péché dont Osée parle dans Osée 5 v.15 et qui L'a poussé à retourner à Sa place.

Comment pouvons-nous savoir que Yéchoua est le Messie ?

Il n'a pas instauré le Royaume lors de Sa première venue par le fait qu'Il a été rejeté. Mais si on lit les récits du ministère de *Yéchoua* dans les Évangiles, on découvre que les miracles qu'Il a accomplis devant la nation d'Israël L'identifient. Il s'agit d'un aperçu de Son pouvoir qui, s'il avait été libéré, aurait instauré le Royaume. Voici un bref résumé de ces miracles, en soulignant que les rabbins du premier siècle ne contestent pas les miracles de Yéchoua, mais seulement leur source :

- Il guérit des boiteux (Matthieu 15 v.30-31 ; 21 v.14 ; Luc 14 v.13) ;
- Il ouvre les yeux d'un aveugle (Matthieu 9 v.27-34) ;
- Il ouvre les yeux d'un aveugle-né (Jean 9 v.1-41) ;
- Il guérit des gens ayant des membres atrophiés (Matthieu 12 v.9-14 ; Marc 3 v.1-6 ; Luc 6 v.6-11) ;
- Il purifie des lépreux (Matthieu 8 v.2-4 ; Marc 1 v.40-45 ; Luc 5 v.12-16 ; Luc 17 v.11-37) ;
- Il guérit le paralytique (Matthieu 9 v.1-8 ; Marc 2 v.1-12 ; Luc 5 v.17-26) ;
- Il guérit le paralytique (Jean 5 v.1-47) ;
- Il guérit un sourd-muet (Matthieu 15 v.29-38 ; Marc 7 v.31-8 v.9) ;
- Il guérit un sourd-muet qui est démoniaque (Matthieu 12 v.22-37 ; Marc 3 v.19-20) ;
- Il guérit l'homme atteint d'hydropisie : ayant un œdème, c'est-à-dire de la rétention d'eau dans les tissus mous du corps (Luc 14 v.1-6) ;
- Il ressuscite un mort (Luc 7 v.11-17) ;

- Il ressuscite la fille de Jaïrus (Matthieu 9 v.18-26 ; Marc 5 v.21-43 ; Luc 8 v.40-46) ;
- Il ressuscite Lazare (Jean 11 v.1-44) ;
- Il guérit la femme ayant des pertes de sang (Matthieu 9 v.18-28 ; Marc 5 v.21-43 ; Luc 8 v.40-56) ;
- Il guérit la femme ayant été infirme pendant 18 ans (Luc 13 v.10-21) ;
- Il remet en place l'oreille du serviteur du souverain sacrificateur que Pierre a tranchée (Luc 22 v.51) ;
- Il nourrit 5 000 personnes lors d'un rassemblement avec cinq pains et deux poissons (Matthieu 14 v.13-21 ; Marc 6 v.30-44 ; Luc 9 v.10-17 ; Jean 6 v.1-13) ;
- Il nourrit 4 000 personnes lors d'un rassemblement avec sept pains et quelques petits poissons (Matthieu 15 v.29-38 ; Mark 7 v.31-8 v.9) ;
- Il marche sur l'eau (Matthieu 14 v.24-33 ; Mark 6 v.47-52 ; John 6 v.16-21) ;
- Il ordonne une première fois aux poissons de se jeter dans les filets de Pierre (Matthieu 4 v.18-22 ; Marc 1 v.16-20 ; Luc 5 v.1-11) ; et à nouveau une deuxième fois (Jean 21) ;
- Il calme la tempête qui agite la mer de Galilée (Matthieu 8 v.18, 23-27 ; Marc 4 v.35-41 ; Luc 8 v.22-25) ;
- Il s'assied sur un ânon qui n'a jamais été monté (Matthieu 21 v.1-11, 14-17 ; Marc 11 v.1-11 ; Luc 19 v.29-44) ;
- Il change l'eau en vin (Jean 2 v.1-11) ;
- Il chasse les démons chez : le démoniaque de Capernaüm (Marc 1 v.21-28 ; Luc 4 v.31-37) ; les

démoniaques du pays des Gadaréniens (Matthieu 8 v.28-34 ; Marc 5 v.1-20 ; Luc 8 v.26-39) ; l'enfant démoniaque (Matthieu 17 v.14-20 ; Marc 9 v.14-29 ; Luc 9 v.37-43) ;

- Il fait en sorte que le poisson que Pierre pêche ait un statère dans sa bouche pour que Pierre puisse payer l'impôt du temple (Matthieu 17 v.24-27) ;
- Il guérit le malade alors qu'Il n'est pas en Sa présence (Jean 4 v.46-54) ;
- Il guérit le serviteur du centurion (Matthieu 8 v.5-13 ; Luc 7 v.1-10).

Luc rapporte le témoignage de *Yéchoua* à Jean le baptiste (celui qui pratique l'immersion) alors que celui-ci est incarcéré dans la prison d'Hérode. Jean a envoyé deux de ses disciples pour dissiper ses propres doutes quant à la messianité de *Yéchoua*. Ce que fait et dit *Yéchoua* pour confirmer Sa messianité à Jean le baptiste est rapporté dans Luc 7 v.19-23 :

> *[19] Et ayant appelé deux de ses disciples, Jean les envoya vers Jésus, disant, Es-tu celui qui vient, ou devons-nous en attendre un autre ? [20] Et les hommes, étant venus à lui, dirent, Jean le baptiseur nous a envoyés auprès de toi, disant, Es-tu celui qui vient, ou devons-nous en attendre un autre ? [21] (En cette heure-là, il guérit plusieurs personnes de maladies et de fléaux et de mauvais esprits, et il donna la vue à plusieurs aveugles). [22] Et Jésus, répondant, leur dit, Allez, et rapportez à Jean les choses que vous avez vues et entendues, que les aveugles recouvrent la vue, que les boiteux marchent, que les lépreux sont rendus nets, que les sourds entendent, que les morts ressuscitent, et que l'évangile est annoncé aux pauvres. [23] Et bienheureux est quiconque n'aura pas été scandalisé en moi.*

Jésus fait ici référence aux prophètes quant à leur message sur le ministère du Messie (Ésaïe 35 v.4-6 [5-7] ; 61 v.1). Personne dans l'histoire du monde n'a jamais été capable de faire de telles choses. Aucun des 46 faux messies qu'Israël a suivis ne peut inscrire de telles œuvres à leur actif. Il détient l'autorité, en Lui-même, d'établir le Royaume, d'enlever la malédiction du sol et de la nature (Genèse 4 v.1, 5 v.29 ; Ésaïe 2 v.4 ; 11 v.6-8 ; 65 v.25). Il a l'autorité de supprimer la malédiction du règne animal et de permettre à l'humanité d'avoir une longévité d'un millénaire, c'est-à-dire de 1000 ans, ceci n'étant qu'un début, car l'Ordre Éternel suivra. Il aura l'autorité d'arrêter le processus du vieillissement (Genèse 5 v.6-31) et la maladie. Tout pouvoir réside dans Son être en raison de ce qu'Il est.

ÉPILOGUE :
Un mot réservé au peuple de l'alliance, au peuple d'Israël

En tant que véritable croyant en Jésus du Nouveau Testament qui est convaincu que le peuple juif est le peuple élu et choisi de D.ieu, et en tant que chrétien sioniste, j'admets que le sujet de ce livre est rejeté par les rabbins et par le peuple juif en général. Sans la moindre hésitation, je pense que les meilleurs jours pour Israël sont à venir. Mais avant que ces jours n'arrivent, il y aura des jours très sombres et terribles. L'alliance abrahamique que D.ieu a conclue avec vos pères Abraham, Isaac et Jacob est une alliance éternelle. C'est le type d'alliance qui, si D.ieu ne l'accomplit pas pour tous les Juifs croyants fidèles, passés, présents et futurs, signifie que D.ieu n'est pas D.ieu et que la Bible hébraïque ainsi que le Nouveau Testament n'ont aucune valeur.

L'ensemble des Écritures hébraïques et du Nouveau Testament montre que D.ieu a choisi Israël comme instrument pour Se révéler aux nations. Mais Israël a continuellement péché contre D.ieu, ce qui L'a amené à exercer Son jugement sur la nation d'Israël. Cependant, les promesses de D.ieu révélées par les prophètes au cours des siècles demeurent ; Son amour se répandra à nouveau sur vous en tant que nation, et Israël régnera sur les nations par la main du Messie depuis le trône de David. Cependant, si vous avez étudié le *Tanakh*, vous comprenez que *le jour de l'Éternel, ou le temps de la détresse de Jacob*, également connu sous le nom de derniers jours, doit se produire avant que le Royaume ne soit établi par Israël. Cette période est également connue sous le nom de Tribulation, à savoir la période lors de laquelle se déroulera la campagne d'Armageddon. Je crois que les rabbins d'autrefois appellent ces temps « les douleurs de l'enfantement du Messie ». Ce que je vous propose de lire concerne ces jours appelés « les douleurs de l'enfantement du Messie » qu'Israël connaîtra avant d'être racheté par *HaShem*. Pour vous, peuple juif, cela fait 2400 ans que le dernier prophète s'est adressé à Israël. Pour les véritables croyants du Nouveau Testament, 1900 ans se sont écoulés depuis que l'apôtre Jean a consigné les dernières paroles dans le livre intitulé « Apocalypse ». J'aimerais vous présenter un calendrier très général, une chronologie des événements, afin que, lorsqu'ils se produiront, vous les reconnaissiez clairement et compreniez que la rédemption d'Israël est très proche. Ces événements, tels qu'ils sont présentés, peuvent se chevaucher ou un événement peut se produire peu de temps avant ou après ce que j'écris. En d'autres termes, certains de ces événements peuvent se produire de manière très rapprochée. Je me contenterai de les passer en revue les uns après les autres.

Les douleurs de l'enfantement du Messie

1. Beaucoup de croyants et d'érudits conservateurs du Nouveau Testament pensent que la ***première*** des « douleurs de l'enfantement du Messie » a lieu lorsqu'une nation s'élève contre une nation, et un royaume contre un royaume ; ce signe commence en 1914 avec le début de la Première Guerre mondiale et s'achève à la fin de la Seconde Guerre mondiale.

Du point de vue de l'histoire, il est admis que la Première et la Seconde Guerre mondiale ne sont qu'une seule et même guerre, avec une pause de 20 ans entre les deux conflits (Matthieu 24 v.5-8).

2. En 1948, à la suite de l'Holocauste, la *deuxième* douleur de l'enfantement se produit, à savoir la création de l'État d'Israël pour la première fois après 1878 ans. Ézéchiel 37 annonce qu'Israël retournera dans le pays dans un état d'incrédulité.

3. En 1967, la *troisième* douleur de l'enfantement survient lorsqu'Israël remporte la guerre des Six Jours et obtient la Cisjordanie [NdT : la Judée Samarie] ou le territoire biblique appelé *montagnes d'Israël* avec le contrôle total de Jérusalem. Sans la possession de la Cisjordanie par Israël, les chapitres 38 et 39 d'Ézéchiel ne peuvent pas se produire, car Gog et Magog occuperont les *montagnes d'Israël* lorsqu'ils attaqueront Israël.

Apostasie et disparitions

L'Église chrétienne d'aujourd'hui est en grande partie un corps apostat ; elle a de nombreux membres qui ne sont pas de vrais croyants dans le Messie. En tant que croyants des nations, nous sommes de véritables croyants du Nouveau Testament, non pas parce que nous sommes nés chrétiens ou que nous avons été baptisés dans l'Église en tant que bébés. Ce n'est PAS le christianisme biblique. Les véritables croyants qui ont pris la décision personnelle de recevoir Jésus (*Yéchoua*) comme leur Sauveur et Seigneur constituent la véritable Église, connue sous le nom de corps du Christ (Messie). Ces chrétiens croient que Jésus revient pour enlever tous les croyants de ce monde afin qu'ils soient avec

Lui au ciel (I Thessaloniciens 4 v.13-18), et ceci, **avant le jour de l'Éternel**.

Ainsi, un jour, à venir, vous apprendrez du monde entier que les vrais croyants du Nouveau Testament en Jésus ont soudainement disparu ; c'est ce qu'on appelle l'Enlèvement, ou la saisie de la véritable Église. L'église apostate restera pour être jugée lors du Jour de l'Éternel à venir qui est le jour de la colère de l'Agneau (Apocalypse 6 v.16). À ce moment-là, Israël aura perdu son meilleur et véritable ami. Il n'y a pas de date ou d'heure donnée dans le calendrier biblique pour l'Enlèvement, mais on croit qu'il se produira avant la période de sept ans, connue sous le nom de 70e semaine de Daniel, la Grande Tribulation, *le temps de la détresse de Jacob* (Daniel 9 v.24-27 ; Apocalypse 4-19).

Prophéties imminentes non réalisées

Les événements suivants ne se sont pas encore produits, mais doivent se produire avant la tribulation.

1. **Une attaque régionale contre Israël.** Avant le jour de l'Éternel, la Russie, l'Iran, la Turquie et d'autres nations islamiques confédérées du Nord attaqueront Israël selon Ézéchiel 38-39. Plusieurs pays d'Afrique sont également concernés : Libye, Soudan et Somalie. Selon le texte d'Ézéchiel, il n'y a personne pour venir en aide à Israël, ce qui signifie que les États-Unis d'Amérique n'interviennent pas en faveur d'Israël. La raison en est inconnue. Ézéchiel déclare que D.ieu intervient personnellement ; Il ne se contente pas de défendre Israël, mais Il détruit aussi miraculeusement et surnaturellement tous les ennemis d'Israël. Il en résulte deux changements majeurs : (1) le peuple juif revient à son D.ieu, le D.ieu d'Abraham, d'Isaac et de Jacob, le D.ieu

d'Israël (Ézéchiel 39 v.22). Le peuple juif peut effectivement dire : « D.ieu n'est pas mort dans l'Holocauste ! » (2) Les nations qui attaqueront Israël seront majoritairement musulmanes. Le monde islamique sera ébranlé lorsqu'il se rend compte que le Allah de Mahomet (mot arabe pour D.ieu) ne s'est pas battu pour lui, mais qu'il a été complètement impuissant face au D.ieu d'Israël qui a détruit ces pays musulmans ainsi que la Russie, tout comme autrefois. Cela va provoquer une grande désillusion parmi les peuples musulmans qui réaliseront que ce qu'on leur a enseigné pendant des siècles n'est pas vrai et que seul le D.ieu d'Israël est D.ieu et non le Allah de Mahomet (Ézéchiel 39 v.21). Non seulement *HaShem* détruit les armées, mais Il détruit aussi des régions entières de leurs pays. Ézéchiel déclare en outre qu'il y aura des tremblements de terre dans le pays d'Israël et à Jérusalem même. Est-ce la méthode qu'utilisera *HaShem* pour détruire le Dôme du Rocher et la Mosquée Al-Aqsa sur le mont du Temple ? Une fois l'islam anéanti, Israël est libre de construire à Jérusalem le troisième des quatre temples, connu sous le nom de Temple de la Tribulation, sans craindre d'exaspérer les pays islamiques.

2. **Un black-out total.** Selon le prophète Joël (2 v.10), il y aura un black-out mondial, c'est-à-dire qu'il n'y aura pas de lumière provenant du soleil, de la lune ou des étoiles. Il s'agit du premier des cinq black-out qui doivent se produire : un avant le jour de l'Éternel et quatre pendant le jour de l'Éternel.

3. **Le retour d'Élie.** Selon le prophète Malachie (4 v.5), le Seigneur enverra Élie, le prophète, **avant** *le jour de l'Éternel.*

4. **Temps de la détresse de Jacob.** Ensuite, la période de la Tribulation, d'une durée de sept ans, commence, ce qui correspond à la 70e semaine de Daniel, tel qu'elle est décrite dans Daniel 9 v.24-27. Cette période débute par la signature d'un traité de paix entre Israël et un dirigeant mondial. Israël signe ce traité pour une durée de 7 ans avec un dirigeant d'origine romaine issu des nations occidentales afin d'assurer la sécurité d'Israël (Daniel 9 v.26-27 ; Matthieu 24 v.15-31). Comme le comprennent les vrais croyants du Nouveau Testament, ce leader est l'Antichrist, un être habité et dynamisé par Satan lui-même.

5. **Des taux de mortalité stupéfiants.** Commence alors la période connue sous le nom de 70e semaine de Daniel, décrite dans Daniel 9 v.24-27. Au cours de cette période, la destruction mondiale et les pertes en vies humaines seront stupéfiantes, car la moitié de la population mondiale périt (Apocalypse 4-19). En janvier 2016, la population mondiale était supérieure à 7 400 000 000. Le livre de l'Apocalypse du Nouveau Testament indique que la moitié de cette population mondiale mourra au cours de la période de sept ans appelée la 70e semaine de Daniel. En outre, les deux tiers des Juifs du monde mourront des mains de l'Antichrist au cours de l'Holocauste II. Ce sera une période épouvantable pour les habitants de la terre.

6. **Le troisième temple et les deux témoins.** À l'époque de la signature de l'alliance ou de la destruction de

Gog et Magog, Israël entreprendra et achèvera la construction de son troisième Temple. Le livre de l'Apocalypse du Nouveau Testament indique également que D.ieu scellera à ce moment-là 144 000 Juifs qui comprendront ce qui se passe et qui reconnaîtront que Jésus ou *Yéchoua* est bien le Messie d'Israël (Apocalypse 7 v.1-8). Ils deviendront des évangélistes qui porteront l'Évangile du Messie jusqu'aux extrémités de la terre. À cette époque également, deux hommes, appelés simplement les deux témoins, exerceront leur ministère à Jérusalem (Apocalypse 11 v.3-12 ; Zacharie 4 v.1-7). Au milieu de la 70e semaine, après avoir exercé leur ministère pendant 3½ ans, les deux témoins seront finalement tués par l'Antichrist et le monde entier se réjouira de leur mort et s'offrira des cadeaux. Leurs corps reposeront dans les rues de Jérusalem pendant 3½ jours, puis ils reviendront à la vie, ils ressusciteront et monteront au ciel sous les regards effrayés du monde entier.

7. **L'Antichrist revendique la divinité.** Au milieu de la 70e semaine, lorsque le chef, l'Antichrist des nations occidentales, vient défendre Israël, il fait en sorte de se proclamer dieu en s'installant comme tel dans le nouveau temple qui vient d'être construit à Jérusalem (Matthieu 24 v.15 ; Daniel 7 v.8 ; 9 v.27).

8. **L'Antichrist attaque Israël.** Dans les Écritures, il est dit à Israël de fuir (Matthieu 24 v.16-22 ; Apocalypse 11 v.2), car l'Antichrist est déchaîné contre les Juifs dans ce que l'on pourrait appeler « l'Holocauste II ». Il est déterminé à éliminer toute personne juive dans le monde, et Zacharie 13 v.8-9 nous dit que les deux tiers de la population juive

seront tués pendant cette période, mais qu'un tiers survivra.

9. **Le reste d'Israël trouve un refuge.** On pense qu'Israël s'enfuira à Pétra, connue en hébreu sous le nom de *Bozra*, en Jordanie (Michée 2 v.12-13 ; Ésaïe 34 v.1-8 ; 63 v.1-6 ; Habakuk 3 v.3). Le peuple juif perd la Terre une fois de plus pendant 3½ ans, alors qu'il fuit l'Antichrist et se réfugie dans le lieu de protection préparé par D.ieu ; là, le reste d'Israël va survivre aux assauts de l'Antichrist grâce à la providence de D.ieu.

10. **L'Antichrist poursuit le reste.** Alors que l'Antichrist détruit Jérusalem et Israël, il poursuit son objectif de tuer le reste du peuple juif qui se cache à Pétra (*Bozra*).

11. **Le Messie est supplié.** Lorsque ces événements se produiront, les rabbins étudieront les Écritures et se rendront compte que Jésus ou *Yéchoua* est bien le Fils de D.ieu, le Fils de David, le Messie, et ils demanderont Son retour (Psaume 80 v.17 ; Daniel 7 v.13-14 ; Osée 5 v.15-6 v.3 ; Matthieu 23 v.37-39). La repentance d'Israël, sa démarche de foi et la confession de son péché à *HaShem* concernant *Yéchoua* le Messie (Ésaïe 53 v.1-9), conduisent au salut d'Israël (Ésaïe 59 v.20-21 ; Romains 11 v.26-27) et la Nouvelle alliance s'accomplit avec la circoncision du cœur d'Israël (Deutéronome 30 v.6).

12. **Délivrance et jugement.** Le Messie revient alors et détruit Lui-même l'Antichrist et toutes ses armées en combattant de Pétra à Jérusalem (Zacharie 14 v.3-4). Dans la vallée de Josaphat (vallée du Cédron, entre Jérusalem et le mont des Oliviers), le Messie juge

alors les nations, le jugement étant basé sur la manière dont les nations ont traité Israël (Matthieu 25 v.31-46).

13. **Un bouleversement géographique au Moyen-Orient.** Selon les livres d'Ézéchiel et de l'Apocalypse, il se produit alors un grand bouleversement topographique en Israël et dans le monde entier. Au centre d'Israël est constitué un plateau montagneux de 50 miles carrés (NdT : 80 km x 80 km) ; ce plateau est alors la plus haute montagne de la terre et il contient le Temple millénaire occupant une surface carrée d'un mile de côté (NdT : 1,6 km x 1,6 km) et la Nouvelle Jérusalem de surface carrée de 10 miles de côté (NdT : 16 km x 16 km), les terres restantes étant partagées entre les habitants de Jérusalem et les lévites chargés du service du Temple. Les frontières d'Israël sont considérablement élargies : sept tribus situées au nord de la montagne millénaire de *HaShem* absorbent la majeure partie du Liban et une partie de la Syrie alors que cinq tribus sont situées au sud de la montagne millénaire de *HaShem*.

14. **Le règne du Messie et le quatrième temple.** En l'espace de 75 jours après la 70e semaine, *Yéchoua* le Messie établit le Royaume messianique, règne sur le monde depuis le trône de David à Jérusalem et instaure la justice et la paix pendant 1 000 ans. À ce stade, le quatrième Temple est construit à Jérusalem, comme le décrivent les chapitres 40 à 48 du livre d'Ézéchiel.

Pour votre intérêt et pour une étude plus approfondie, les cinq livres suivants qui traitent d'Israël, du Messie, des alliances d'Israël et de son avenir prophétique sont recommandés :

1. *Israelology: The Missing Link in Systematic Theology.* Écrit par Dr Arnold G. Fruchtenbaum et publié par Ariel Ministries en 1994 (revisé), situé maintenant à San Antonio, TX. www.Ariel.org (ISBN : 0-914863-05-3).

2. *The Footsteps of Messiah: A Study of the Sequence of Prophetic Events.* Écrit par Dr Arnold G. Fruchtenbaum, publié par Ariel Ministries en 2003 (revisé). *www.Ariel.org* (ISBN : 0-914863-09-6). Peut aussi être téléchargé comme e-book.

3. *Discovering the Mystery of the Unity of God.* Écrit par John B. Metzger, publié par Ariel Ministries en 2010, *www.Ariel.org* (ISBN : 978-1-935174-04-2). Peut aussi être téléchargé comme e-book.

4. *Messianic Christology.* Écrit par Dr Arnold G. Fruchtenbaum et publié par Ariel Ministries en 1998, www.Ariel.org.

5. *Jesus Was a Jew.* Écrit par Dr Arnold G. Fruchtenbaum et publié par Ariel Ministries en 2010 (ISBN : 978-1-935174-02-8).

Je connais les croyances du judaïsme, aussi je comprends que vous puissiez initialement rejeter tout ce qui a été dit ; cependant, gardez ce livre à portée de main, car deux événements puissants doivent se produire dans un avenir proche, bien que le moment exact ne soit pas connu. Premièrement, un jour viendra où un grand nombre de personnes de toutes les nations de la terre disparaîtront soudainement et, deuxièmement, Israël sera attaqué par Gog et Magog sans espoir de survie (Ézéchiel, chapitres 38 à 39). Ce livre et les autres ouvrages cités en référence vous seront très utiles au moment où « l'Holocauste II » s'abattra sur le peuple juif. J'écris ces choses maintenant parce que j'aime le peuple juif, Israël et le D.ieu d'Israël.

Rév. John B. Metzger, M.A.

Annexe A : Comment devenir un avec D.ieu

Être réconcilié avec D.ieu

Je prie pour qu'à la lecture de ce livre, votre cœur soit touché et que vous reconnaissiez Jésus de Nazareth comme l'incarnation de D.ieu ; il est *HaShem*. Il a été démontré tout au long de cet ouvrage qu'Il est le D.ieu tout-puissant, l'Éternel, le Messager (l'Ange) de l'Éternel, le Fils de David qui est assis à la droite de D.ieu, et Celui pour qui le Père fera de Ses ennemis Son marchepied (Psaume 110 v.1 ; Daniel 7 v.13-14). La plupart des Juifs ont perdu espoir dans la réalité future de la venue littérale du *Moshiach*, et c'est compréhensible, car Il est venu il y a 2 000 ans et a été rejeté parce que Sa venue n'était pas conforme à ce que les rabbins et les gens de l'époque attendaient.

Vous trouverez ci-dessous quelques versets appelés « la route de Jérusalem » qui vous conduiront à saisir par la foi le *Moshiach*, le Fils de David, *Yéchoua*, en tant que Celui qui vous sauve du péché. Je sais que vous ne vous considérez pas comme un grand pécheur. Considérez cependant dans votre *Tanakh* le D.ieu de vos pères Abraham, Isaac et Jacob, qui est absolument saint, juste, équitable et totalement séparé du péché. Ouvrez les Écritures et étudiez Son caractère. À l'origine, Il vous a donné, à vous, Son peuple de l'alliance, par l'intermédiaire de vos pères, des sacrifices et des prêtres pour servir d'intermédiaires entre eux et Lui-même. Vos pères avaient besoin d'un médiateur. Pourquoi les sacrifices étaient-ils nécessaires et pourquoi vos pères avaient-ils besoin d'un médiateur pour agir en leur faveur devant *HaShem* dans Son temple ? C'est parce qu'ils étaient des pécheurs et qu'ils ne pouvaient rien faire pour mériter la faveur d'un D.ieu saint, juste, et sans péché. C'est la raison d'être du système sacrificiel.

Pécher contre *HaShem*, c'est tout simplement la désobéissance de l'homme à Sa loi et à *HaShem* Lui-même. Vous pouvez appeler cela le « mauvais penchant », mais, quel que soit le nom que vous lui donnez, c'est simplement manquer la marque de la sainteté de D.ieu. Aux yeux de HaShem, les petits péchés sont aussi importants que le meurtre, car ils sont autant de péchés devant un D.ieu saint. Les péchés auxquels vous pensez ou cachez dans votre cœur, même si vous ne les commettez pas physiquement, sont tout autant des péchés aux yeux de *HaShem*. Si, dans votre esprit ou votre cœur, vous avez désiré une femme, vous avez commis un adultère dans votre cœur devant *HaShem*. Vous n'avez peut-être pas enfreint la lettre de la Loi, mais vous avez révélé le péché de votre cœur et ainsi enfreint l'esprit de la Loi. Mesdames, si vous convoitez quelque chose qui appartient à votre voisin et que vous le voulez au point de l'obtenir à n'importe quel prix, *HaShem* considère cela comme un péché. Notez que dans aucun de ces exemples cités, l'acte n'est littéralement commis, mais *HaShem* voit votre cœur d'où viennent le mal et la méchanceté. Les paroles suivantes de *Yéchoua, le maître juif,* se trouvent dans le Nouveau Testament :

> *[18]Mais les choses qui sortent de la bouche viennent du cœur, et ces choses-là souillent l'homme. [19]Car du cœur viennent les mauvaises pensées, les meurtres, les adultères, les fornications, les vols, les faux témoignages, les injures,* (Matthieu 15 v.18-19).

L'épître aux Hébreux, le livre du Nouveau Testament écrit au premier siècle de notre ère à l'intention des croyants juifs du Messie, reflète également la pénétration de la Parole de *HaShem* au plus profond de notre être :

> *¹²Car la parole de Dieu est vivante et opérante, et plus pénétrante qu'aucune épée à deux tranchants, et atteignant jusqu'à la division de l'âme et de l'esprit, des jointures et des moelles ; et elle discerne les pensées et les intentions du cœur. ¹³Et il n'y a aucune créature qui soit cachée devant lui, mais toutes choses sont nues et découvertes aux yeux de celui à qui nous avons affaire.* (Hébreux 4 v.12-13)

Ce verset indique simplement que les Écritures sont comme une épée à double tranchant et qu'elles peuvent pénétrer dans ce qui est spirituel en l'homme (âme et esprit), ainsi que dans ce qui est physique en l'homme (articulations et moelle). Elles peuvent même discerner vos pensées ainsi que les motivations qui les sous-tendent avant même que vous ne les mettiez en pratique.

Il y a près de 2000 ans, *HaShem* a permis à Rome de détruire la ville sainte et le Temple sacré, tout comme Il avait permis à Babylone, des siècles auparavant, de détruire Jérusalem et le Temple de Salomon. Lors de la première destruction de Jérusalem, *HaShem* a donné à Israël des prophètes tels que Jérémie, Ézéchiel et Daniel. Il leur a également donné des prophètes tels que Aggée, Sophonie, Zacharie et Malachie après le retour de Babylone. *HaShem* a permis à nouveau la destruction de Jérusalem par l'intermédiaire de Rome, à cause du péché du peuple de Son alliance, Israël. Remarquez qu'il n'y a pas eu, du point de vue du judaïsme, de prophète pour Israël depuis Malachie, qui vivait il y a 2 400 ans.

Or, si le système sacrificiel était le modèle de *HaShem* pour révéler Ses exigences sacrées et l'incapacité totale de l'homme à respecter Ses lois, pourquoi *HaShem* a-t-il supprimé le système sacrificiel qui était absolument nécessaire, et pourquoi ne l'a-t-Il pas remplacé ou même donné un prophète porteur d'une Parole ? Ou bien a-t-Il donné un prophète (Deutéronome 18 v.15-18) en la personne de Son Fils (Psaume 2 v.7-12 ; Proverbes 30 v.4), le Serviteur souffrant d'Ésaïe 53, le Serviteur de l'Éternel ? Après la crucifixion de *Yéchoua*, deux de Ses disciples sur la route d'Emmaüs avaient du mal à comprendre Sa mort indigne. En raison de l'enseignement qu'ils avaient reçu des pharisiens, ils cherchaient un chef militaire pour les libérer de Rome. Leur incompréhension était leur problème ; ils avaient une attente juive erronée. *Yéchoua* n'a jamais nié Sa venue pour restaurer Israël. Il devait d'abord venir, souffrir et mourir. Dans le judaïsme rabbinique d'aujourd'hui, comment se débarrasser bibliquement de ses péchés ? Le judaïsme rabbinique a supplanté la Parole de *HaShem* en disant que le repentir, les bonnes actions et la charité remplacent l'expiation par le sang. Les rabbins tentent d'étayer cette affirmation, mais le contexte de l'Écriture milite contre leur argument.

En Genèse 3 v.15, avant l'existence du peuple juif, avant Abraham et l'alliance, *HaShem* parle à Adam et Eve et leur promet un libérateur spirituel qui rétablira le paradis perdu. *HaShem* choisit de s'occuper d'abord de la malédiction du péché qui frappe toute l'humanité. Les rabbins enseignent faussement que le repentir, les bonnes actions et la charité remplacent les sacrifices en tant qu'expiation. Cependant, dans tout le *Tanakh*, *HaShem* n'a jamais changé de mode d'expiation ; il s'agit toujours d'un sacrifice de sang (Lévitique 17 v.11). Avant qu'Israël ne puisse être restauré et que la promesse faite à Abraham soit accomplie, *HaShem* doit accomplir la promesse faite à Adam et Ève afin de restaurer la création et l'humanité dans leur condition originelle. Cela signifie que *la semence de la femme* doit tout d'abord délivrer l'humanité spirituellement en éliminant le péché qui la sépare de *HaShem* et cela avant qu'Israël ne puisse être restauré par cette même *semence de la femme*.

Selon *Bereshit Rabba* 23, un commentaire rabbinique sur la Genèse :

> Ève a eu du respect pour la semence qui vient d'ailleurs. Et qui est cette semence ? C'est le Messie, le Roi.

Les Écritures ont bien prophétisé que *Moshiach* serait rejeté (Psaume 22 ; Ésaïe 52 v.13-53 v.12) et mourrait d'une mort indigne avant Sa glorification. Certains d'entre vous sont au courant des messies rabbiniques qui doivent venir, le premier étant appelé Messie ben Joseph qui souffrira et mourra. Le judaïsme rabbinique enseigne qu'ensuite, un autre messie suivra pour régner sous le nom de Messie ben David. Puisque le judaïsme rabbinique parle de deux messies et que *HaShem* parle d'un seul Messie, il serait peut-être bon d'écouter ce que dit *HaShem* dans Sa Parole plutôt que ce qu'avance le judaïsme rabbinique, qui a approuvé 46 faux messies au cours des siècles passés. Le judaïsme rabbinique donne des enseignements qui font autorité et qui contredisent directement *HaShem*. Puisque votre destin éternel est en jeu, quelle est la parole la plus importante, celle des rabbins ou celle de *HaShem* Lui-même ? C'est une question à laquelle vous devez répondre : d'où vient mon autorité spirituelle : des rabbins ou de *HaShem* ? *HaShem* vous aime d'un amour éternel et vous êtes inscrits sur les paumes de Ses mains (Ésaïe 49 v.16 ; Jérémie 31 v.3-10) !

> *⁷Ce n'est pas parce que vous étiez plus nombreux que tous les peuples, que l'Éternel s'est attaché à vous et vous a choisis ; car vous êtes le plus petit de tous les peuples ; ⁸mais parce que l'Éternel vous a aimés et parce qu'il garde le serment qu'il a juré à vos pères,* (Deutéronome 7 v.7-8)

> *Car ainsi dit l'Éternel des armées, Après la gloire, il m'a envoyé vers les nations qui ont fait de vous leur proie ; car celui qui vous touche, touche la prunelle de son œil.* (Zacharie 2v.8)

Sondez les Écritures et demandez au D.ieu de vos pères de vous montrer ce qu'Il a écrit dans Sa Parole. Recherchez par vous-même dans la Parole de *HaShem* que Moïse et les Prophètes ont consignée ce qui concerne Son Fils, votre *Moshiach*, le Fils de David, le Roi d'Israël, le sacrifice de substitution pour votre péché. Permettez à *HaShem* de supprimer ce qui éclipse votre vision de Lui. La plupart des versets bibliques cités ci-dessous sont tirés du *Tanakh*, dans la version Darby.

La route de Jérusalem

1. Aucun n'est exempt de péché

Psaume 14 v.3

> *Tous sont égarés, tous sont pervertis ; Il n'en est aucun qui fasse le bien, Pas même un seul.*

Psaume 51 v.7 [5]

> *Voici, je suis né dans l'iniquité, Et ma mère m'a conçu dans le péché.*

Ésaïe 53 v.6

> *Nous avons tous été errants comme des brebis, nous nous sommes tournés chacun vers son propre*

chemin, et l'Éternel a fait tomber sur lui l'iniquité de nous tous.

Jérémie 17 v.9

Le cœur est trompeur par-dessus tout, et incurable ; qui le connaît ?

Ésaïe 59 v.1-2

Voici, la main de l'Éternel n'est pas devenue trop courte pour délivrer, ni son oreille trop appesantie pour entendre ; mais vos iniquités ont fait séparation entre vous et votre Dieu, et vos péchés ont fait qu'il a caché de vous sa face, pour ne pas écouter.

Ecclésiaste 7 v.20

Certes, il n'y a pas d'homme juste sur la terre qui ait fait le bien et qui n'ait pas péché.

2. Les bonnes œuvres ne peuvent pas purifier

Ésaïe 64 v.6

Et tous, nous sommes devenus comme une chose impure, et toutes nos justices, comme un vêtement souillé ; et nous sommes tous fanés comme une feuille, et nos iniquités, comme le vent, nous emportent.

Habakuk 2 v.4

Voici, son âme s'est enflée, elle n'est pas droite en lui ; Mais le juste vivra par sa foi.

Jérémie 18 v.20

Le mal sera-t-il rendu pour le bien ? Car ils ont creusé une fosse pour m'ôter la vie. Souviens-t'en, je me suis tenu devant toi, Afin de parler en leur faveur, Et de détourner d'eux ta colère.

3. D.ieu demande un sacrifice de sang

Lévitique 17 v.11

> *Car l'âme de la chair est dans le sang ; et moi je vous l'ai donné sur l'autel, pour faire propitiation pour vos âmes ; car c'est le sang qui fait propitiation pour l'âme.*

4. Appliquer le sang du Messie

Exode 12 v.21-23

> *Et Moïse appela tous les anciens d'Israël, et leur dit, Tirez à part et prenez du menu bétail selon vos familles, et égorgez la pâque. Et vous prendrez un bouquet d'hysope, et vous le tremperez dans le sang qui sera dans le bassin ; et du sang qui sera dans le bassin vous aspergerez le linteau et les deux poteaux ; et nul d'entre vous ne sortira de la porte de sa maison, jusqu'au matin. Car l'Éternel passera pour frapper les Égyptiens ; et il verra le sang sur le linteau et sur les deux poteaux, et l'Éternel passera par-dessus la porte, et ne permettra pas au destructeur d'entrer dans vos maisons pour frapper.*

Lévitique 16 v.15-19

> *Et il égorgera le bouc du sacrifice pour le péché, qui est pour le peuple, et il apportera son sang au dedans du voile, et fera avec son sang, comme il a fait avec le sang du taureau, il en fera aspersion sur le propitiatoire et devant le propitiatoire. Et il fera propitiation pour le lieu saint, le purifiant des impuretés des fils d'Israël et de leurs transgressions, selon tous leurs péchés ; et il fera de même pour la tente d'assignation, qui demeure avec eux au milieu de leurs impuretés. Et personne ne sera dans la tente*

d'assignation quand il y entrera pour faire propitiation dans le lieu saint, jusqu'à ce qu'il en sorte ; et il fera propitiation pour lui-même et pour sa maison, et pour toute la congrégation d'Israël. Et il sortira vers l'autel qui est devant l'Éternel, et fera propitiation pour lui ; et il prendra du sang du taureau et du sang du bouc, et le mettra sur les cornes de l'autel, tout autour ; et il fera sur lui aspersion du sang avec son doigt, sept fois, et il le purifiera, et le sanctifiera des impuretés des fils d'Israël.

Daniel 9 v.26

Après les soixante-deux semaines, un Oint sera retranché, et il n'aura pas de successeur. Le peuple d'un chef qui viendra détruira la ville et le sanctuaire, et sa fin arrivera comme par une inondation ; il est arrêté que les dévastations dureront jusqu'au terme de la guerre.

Hébreux 9 v.12

Et non avec le sang de boucs et de veaux, mais avec son propre sang, est entré une fois pour toutes dans les lieux saints, ayant obtenu une rédemption éternelle.

5. Sécurité et refuge dans le Messie de D.ieu

Psaume 2 v.12

Baisez le fils, de peur qu'il ne s'irrite, Et que vous ne périssiez dans votre voie, Car sa colère est prompte à s'enflammer. Heureux tous ceux qui se confient en lui !

Psaume 51 v.15 [13]

J'enseignerai tes voies aux transgresseurs, et des pécheurs se retourneront vers toi.

Autres passages

Paroles de Yéchoua [Jésus] :

Jean 3 v.3 — *Jésus répondit et lui dit, En vérité, en vérité, je te dis, Si quelqu'un n'est né de nouveau, il ne peut voir le royaume de Dieu.*

Jean 3 v.14-18 - *[14]Et comme Moïse éleva le serpent dans le désert, ainsi il faut que le fils de l'homme soit élevé, [15]afin que quiconque croit en lui ne périsse pas, mais qu'il ait la vie éternelle. [16]Car Dieu a tant aimé le monde, qu'il a donné son Fils unique, afin que quiconque croit en lui ne périsse pas, mais qu'il ait la vie éternelle. [17]Car Dieu n'a pas envoyé son Fils dans le monde afin qu'il jugeât le monde, mais afin que le monde fût sauvé par lui. [18]Celui qui croit en lui n'est pas jugé, mais celui qui ne croit pas est déjà jugé, parce qu'il n'a pas cru au nom du Fils unique de Dieu.*

Jean 3 v.36 — *Qui croit au Fils a la vie éternelle ; mais qui désobéit au Fils ne verra pas la vie, mais la colère de Dieu demeure sur lui.*

Jean 5 v.39 — *Sondez les écritures, car vous, vous estimez avoir en elles la vie éternelle, et ce sont elles qui rendent témoignage de moi.*

Jean 5 v.46 — *Car si vous croyiez Moïse, vous me croiriez aussi ; car lui a écrit de moi.*

Jean 8 v.24 — *Je vous ai donc dit que vous mourrez dans vos péchés ; car si vous ne croyez pas que c'est moi, vous mourrez dans vos péchés.*

Jean 14 v.6 — *Jésus lui dit : Je suis le chemin, la vérité, et la vie. Nul ne vient au Père que par moi.*

Paroles de Pierre concernant Jésus devant le sanhédrin :

Actes 4 v.12 — *Et il n'y a de salut en aucun autre ; car aussi il n'y a point d'autre nom sous le ciel, qui soit donné parmi les hommes, par lequel il nous faille être sauvés.*

Paroles de Paul concernant l'Évangile :

I Corinthiens 15 v.3-4 - *³Car je vous ai communiqué avant toutes choses ce que j'ai aussi reçu, que Christ est mort pour nos péchés, selon les écritures, ⁴et qu'il a été enseveli, et qu'il a été ressuscité le troisième jour, selon les écritures.*

Répondre à D.ieu

En prenant la Parole de D.ieu comme guide, comment pouvons-nous nous réconcilier avec D.ieu comme Il nous le demande ? Invoquez *Yéchoua*, votre Messie, dans la foi, en croyant qu'Il est venu mourir pour vos péchés, qu'Il a été enseveli et qu'Il est ressuscité le troisième jour, comme Il l'avait promis. Saisissez-le comme votre Sauveur personnel et l'Esprit de D.ieu viendra vous habiter et vous sceller jusqu'au jour de la rédemption. Quel jour glorieux.

Il est conseillé aux croyants du Messie *Yéchoua* de se procurer un exemplaire de la Bible et de commencer à étudier la Parole de *HaShem*. La lecture des Évangiles : Matthieu, Marc, Luc et Jean, est extrêmement importante. Pour grandir, il est également important de trouver une assemblée qui célèbre le culte, que ce soit avec d'autres croyants messianiques ou avec une assemblée de croyants qui a pour base de son enseignement la Bible et non pas des opinions ou des philosophies humaines.

Vous pouvez recevoir des informations complémentaires en consultant le très bon matériel d'étude d'Ariel Ministries, enseigné d'un point de vue juif par des croyants juifs dans le Messie Yéchoua. Ma prière est que le peuple juif ne soit plus éclipsé de son D.ieu.

John B. Metzger

Un pécheur issu des nations sauvé par la grâce de *HaShem* au travers d'un Messie juif.

Annexe B :
Jésus face à la Loi orale

Jésus attaque la position rabbinique concernant la Loi orale. Cette loi existe à l'époque de Jésus comme à notre époque. En dehors du fait que Jésus prétend être D.ieu, c'est l'une des principales raisons pour lesquelles le sanhédrin méprise *Yéchoua*. Regardez l'accent qu'Il met sur l'homme intérieur, le cœur. Comme dans les Écritures hébraïques, le mot *cœur* est toujours au singulier. Il n'y a pas de bons et de mauvais penchants ; voyez les paroles de Jésus lorsqu'il prend à partie les pharisiens qui élèvent la Loi orale au-dessus de la Parole de *Hachem*. Ces versets sont tirés de l'Évangile selon Marc 7 v.3-16 dans le Nouveau Testament :

³Car les pharisiens et tous les Juifs ne mangent pas qu'ils ne lavent soigneusement leurs mains, retenant **la tradition des anciens** *; ⁴et étant de retour du marché, ils ne mangent pas qu'ils ne soient lavés. Et il y a beaucoup d'autres choses qu'ils ont reçues traditionnellement pour les observer, comme de laver les coupes, les pots, les vases d'airain, et les lits. ⁵Sur cela, les pharisiens et les scribes l'interrogent, disant, Pourquoi tes disciples ne marchent-ils pas selon la tradition des anciens, mais mangent-ils du pain avec des mains souillées ? ⁶Mais lui, répondant, leur dit, Ésaïe a bien prophétisé de vous, hypocrites ; comme il est écrit, Ce peuple-ci m'honore des lèvres, mais leur cœur est fort éloigné de moi ; ⁷mais ils m'honorent en vain,* **enseignant comme doctrines, des commandements d'hommes.** *⁸Car,* **laissant le**

commandement de Dieu, vous observez la tradition des hommes, *de laver les pots et les coupes ; et vous faites beaucoup d'autres choses semblables.* ⁹*Et il leur dit,* **Vous annulez bien le commandement de Dieu, afin de garder votre tradition.** ¹⁰*Car Moïse a dit, Honore ton père et ta mère ; et, que celui qui médira de père ou de mère, meure de mort ;* ¹¹*mais vous, vous dites, Si un homme dit à son père ou à sa mère, Tout ce dont tu pourrais tirer profit de ma part est corban, c'est-à-dire don...* ¹²*Et vous ne lui permettez plus de rien faire pour son père ou pour sa mère,* ¹³**annulant la parole de Dieu par votre tradition** *que vous vous êtes transmise les uns aux autres ; et vous faites beaucoup de choses semblables.* ¹⁴*ayant de nouveau appelé la foule, il leur dit, Écoutez-moi, vous tous, et comprenez,* ¹⁵*Il n'y a rien en dehors de l'homme, qui, entrant au dedans de lui, puisse le souiller ; mais les choses qui sortent de lui, ce sont celles qui souille l'homme.* ¹⁶*Si quelqu'un a des oreilles pour entendre, qu'il entende.*

Jésus dit qu'ils contournent la Loi de D.ieu pour élever leur propre loi. Il s'agit là d'un message habituel de Jésus qui s'adresse directement au peuple dans le Sermon sur la Montagne (Matthieu 5-7), en opposant la justice de *HaShem* à la justice des Pharisiens.

Annexe C :
Les juifs qui ont fait leur propre recherche

« Tu as changé mon deuil en allégresse, tu as détaché mon sac, et tu m'as ceint de joie ; Afin que mon âme te loue par des cantiques et ne se taise point. Éternel, mon Dieu! je te célébrerai à toujours. »

Psaume 30 v.11-12

Lauren B, Atlanta, GA

J'ai grandi dans la banlieue de Baltimore, dans le Maryland, dans un foyer juif conservateur (entre conservateur et orthodoxe). Mes parents étaient tous deux issus d'un milieu juif traditionnel. Cependant, pour moi, la religion était vide, peu gratifiante et dépourvue de la réalité de la présence de D.ieu.

Lorsque je suis entrée à l'université, j'étais agnostique. Peu après l'obtention de mon diplôme, j'ai entamé une carrière prometteuse chez Borden Incorporated. Pourtant, je sentais qu'il me manquait quelque chose. Pendant cette période, j'ai décidé de m'adonner à des passe-temps sains, notamment en apprenant à jouer du piano et à lire la musique.

Inspirée par le jeu télévisé *Jeopardy*, j'ai décidé de faire de la lecture de la Bible l'un de mes nouveaux passe-temps. Je me suis dit que cela m'aiderait à être bien équilibrée. Initialement numéro 20 sur la liste (dernière), la lecture de la Bible a rapidement pris la première place !

Ne possédant pas de Bible, j'ai demandé à une collègue de travail nommée Betsy, une croyante non juive qui avait prié pour moi, si je pouvais en emprunter une. Elle m'a prêté une Bible parallèle. C'est alors que j'ai prié et demandé à D.ieu, s'Il existait, de se révéler à moi. Celui que je ne croyais pas exister a commencé à m'attirer à Lui par Sa Parole.

Pendant six mois, j'ai étudié trois versions différentes du livre de la Genèse. Au cours de cette période, on m'a présenté un livre intitulé *Jésus dans la Genèse*. J'ai été surpris de ne pas pouvoir réfuter rapidement l'affirmation du livre.

Le Seigneur était certainement en train de m'attirer et de me charmer. Pendant la Pâque, un article sur la congrégation juive messianique locale est paru dans le journal. J'étais intriguée, mais très prudente. Finalement, Il m'a conduit à cette congrégation, où Juifs et non-Juifs adorent ensemble *Yéchoua* (Jésus) le Messie. Ils m'aimaient et priaient régulièrement pour moi. J'ai lutté avec la question : « Jésus est-il vraiment le Messie promis à Israël ? » Quelques mois plus tard (Hanoukka 1990), j'ai placé ma foi en Jésus en tant que Messie et Rédempteur personnel. J'étais intriguée tout en étant très prudente. D'une manière ou d'une autre, Il m'a guidée. Ma nouvelle foi s'est développée au fur et à mesure que je lisais la Parole et que j'assistais aux cultes.

Au fil des ans, j'ai commencé à comprendre que j'étais en sécurité pour l'éternité. Après une étude intensive sur le sujet de l'assurance, j'ai été ravie d'avoir la conviction que j'avais la vie éternelle. Jésus dit : « Celui qui croit en moi a la vie éternelle » (Jean 6 v.47). J'ai appris que la raison pour laquelle Il a pu accomplir une promesse aussi merveilleuse est que, lorsqu'Il est mort sur la croix, « *le Seigneur a fait retomber sur lui l'iniquité de nous tous* » (Ésaïe 53 v.6). Lorsque j'ai cru en Lui pour la vie éternelle, je suis entrée dans une relation incroyablement belle et éternelle avec le Seigneur.

Steve S, Pottstown, PA

Mon cheminement vers une relation spirituelle avec D.ieu a commencé avec ma mère. Elle a grandi dans une famille juive orthodoxe. Très jeune, je me souviens que ma mère parlait de son éducation et des questions qu'elle se posait. Par exemple, maman a raconté que son père ne portait pas son parapluie le jour du sabbat, mais qu'il demandait à maman de le faire à sa place. Cette situation, ainsi que d'autres incohérences, l'ont amenée à remettre sa foi en question. Le rôle le plus influent qu'elle a joué dans mon cheminement spirituel a peut-être été son désir d'en savoir plus sur la promesse contenue dans Deutéronome 18 v.15, où Moïse dit, « L'Éternel, ton Dieu, te suscitera un prophète comme moi, du milieu de toi, d'entre tes frères ; vous l'écouterez. » Après avoir été exposé aux enseignements du Nouveau Testament, j'ai placé ma foi et ma confiance en Jésus-Christ comme mon Messie. Il est celui dont Moïse a parlé, car Il est le seul à avoir accompli toutes les promesses faites à Son sujet dans l'Ancien Testament.

John P, Pittsburgh, PA

Mes parents ont vécu l'Holocauste et se sont mariés en 1946. Je suis né en Allemagne [de l'Ouest] l'année suivante.

Un an plus tard, ma famille s'est rendue en Israël où nous avons résidé pendant les six années suivantes. C'est là que ma mère m'a conduit au Seigneur à l'âge de 5 ans. J'ai ensuite été baptisée deux ans plus tard.

Peu de temps après, je me suis rendu en Angleterre, puis je suis retourné en Allemagne au bout de deux ans. C'est là qu'est né mon frère, un hydrocéphale. Pour sa survie, notre famille a immigré aux États-Unis en 1962 afin qu'il puisse bénéficier des soins chirurgicaux nécessaires. Nous remercions D.ieu de ce qu'après sept opérations chirurgicales majeures, mon frère Peter est aujourd'hui en vie et mène une existence normale.

Pendant cette période, je me suis inscrit au Washington Bible College (WBC) pour me préparer au ministère auquel le Seigneur me destinait. Je me suis spécialisé dans les missions. Vers la fin de mes études, j'ai rencontré celle qui allait devenir mon épouse (nous sommes mariés depuis 41 ans). C'est également là que le Seigneur m'a poussé à étudier l'Ancien Testament, ce qui a été confirmé par un orateur invité à la chapelle : John Whitcomb du Grace Theological Seminary (GTS). Immédiatement après avoir obtenu mon diplôme à la WBC, je me suis inscrit au GTS, où j'ai étudié pendant les cinq années suivantes.

Peu après l'obtention de mon diplôme, le Seigneur m'a appelé au pastorat ; en fait, j'ai exercé cinq pastorats au cours des 30 années qui ont suivi ! Par la suite, le Seigneur nous a donné deux merveilleuses filles, j'ai donné quelques cours dans un collège biblique à Baltimore, un certain nombre de personnes ont appris à connaître le Seigneur et ont grandi en Lui, j'ai terminé mes études au Dallas Theological Seminary dans le cadre du programme de doctorat en théologie, j'ai commencé à écrire des articles dans quelques hebdomadaires de Pennsylvanie et j'ai donné des cours à Penn State pendant huit ans en tant qu'assistant sur deux campus.

Il y a environ sept ans, j'ai pris ma retraite en tant que pasteur à temps plein, mais je sers toujours le Seigneur. Je suis actuellement impliqué dans plusieurs ministères et j'aimerais utiliser mes dons d'enseignant, d'écrivain et de prédicateur pour Sa gloire, au fur et à mesure qu'Il m'ouvre des portes.

Itai R, New York City

Née et élevée en Israël en tant que juive laïque, ma famille a émigré aux États-Unis lorsque j'avais 16 ans. À 29 ans, un ami m'a invité à un service de Thanksgiving dans une église locale. C'est à ce moment-là que j'ai commencé à lire la vie et les enseignements de Jésus dans une Bible qui se trouvait sur le banc. Plus tard, mon ami m'a également donné un exemplaire du Nouveau Testament pour que je l'aie avec moi. Quatre vérités ont touché une corde sensible dans mon esprit les premiers jours, et ont eu beaucoup de sens pour quelqu'un qui venait d'un milieu juif :

1) Pour D.ieu, la cacherout ne se définit pas par la nourriture que nous mangeons, mais par les paroles qui sortent de notre bouche (Matthieu 15 v.11).

2) Le sabbat a été conçu pour le repos, et non pour une liste légaliste de choses à ne pas faire (Marc 2 v.27-28).

3) Les commandements et les désirs de D.ieu pour les hommes ont été transformés en doctrines et en traditions des hommes qui ne plaisent pas à D.ieu (Marc 7 v.7-9).

4) Ce qui fait de quelqu'un un vrai Juif, c'est la circoncision du cœur et non celle de la chair (Romains 2 v.28-29).

Plus tard dans l'année, j'ai étudié la façon dont le concept de la Trinité existe au sein même du récit de la création dans la Genèse : D.ieu, la Parole et l'Esprit qui plane. J'ai également vu que Jésus était l'agneau innocent de D.ieu, amené à l'abattoir pour le péché de l'homme, comme le décrivent également Ésaïe 53 et le récit de la Pâque d'Égypte. Malgré toute cette compréhension de la vérité de D.ieu et ma participation à des services religieux réguliers, je n'avais qu'une compréhension cérébrale de « Jésus ».

Un an plus tard, je suis vraiment née de nouveau lorsque la conviction m'a frappé et que j'ai réalisé que « Jésus EST D.IEU », pourquoi me le demandez-vous ? Parce qu'Il est le seul homme à être né sans péché, à mourir pour couvrir le péché de l'homme et à vivre entièrement comme un outil d'enseignement manifestant le véritable plan de salut de l'homme au travers de Sa vie et de Sa mort et pas seulement par Ses enseignements. Oui, Jésus EST D.IEU, il est le seul D.IEU, et Lui seul peut ôter le péché. Il est devenu, mon D.ieu, j'ai cru en Jésus et j'ai mis ma foi dans la mort du Christ Sauveur. *L'ÉTERNEL* est mon berger, je ne manquerai de rien.

Herschel L, Philadelphia, PA

Né de parents juifs à Vienne, en Autriche, et d'un survivant de l'Holocauste, notre famille a émigré aux États-Unis en 1939. Nous nous sommes assimilés dans un monde majoritairement non juif, très peu lié à la communauté juive. Au lycée, j'ai été attiré par une personne qui apportait sa Bible à l'école tous les jours et la plaçait toujours au-dessus de ses autres livres. Au cours de l'année, nous sommes devenus amis, nous avons eu de nombreuses conversations sur D.ieu et il m'a encouragé à commencer à lire la Bible. Je l'ai fait. Les passages qui ont parlé à mon cœur sont

Ésaïe 53, Jérémie 29 v.13, l'Évangile selon Jean et Apocalypse 3 v.20.

Luda F, New York City

Je suis devenue croyante après avoir quitté l'Union soviétique et rencontré des infirmières chrétiennes en Nouvelle-Zélande. J'ai commencé à lire la Bible et j'ai fait une prière suggérée par mes amis chrétiens, demandant à Jésus : « Si tu es le Messie, viens dans ma vie ».

Tout est devenu nouveau pour moi après cela, et j'ai su que j'avais changé. Je ne connaissais pas grand-chose à la Bible, et j'ai donc été très étonnée de lire les prophéties d'Ésaïe, qui décrivaient si clairement Jésus. Je me souviens avoir lu Ésaïe 9 et avoir réalisé qu'il ne pouvait s'agir que de Jésus, et qu'Il devait être D.ieu, parce que le texte parle de quelqu'un appelé « Conseiller merveilleux, D.ieu puissant, Père éternel », alors qu'il décrit une personne qui vient au monde comme un bébé humain : « *Car un enfant nous est né, un fils nous a été donné, et le gouvernement sera sur son épaule.* » Ce verset et d'autres, au fur et à mesure que je lisais la Bible, m'ont convaincu plus que jamais que Jésus était vraiment le Messie et D.ieu.

Robert M, Los Angeles, CA

J'en suis venu à croire en *Yéchoua* en tant que Messie personnel et Sauveur du péché parce que je cherchais la vérité. Bien que juif, je ne connaissais pas la Bible. Cependant, lorsque j'ai été confronté au message de la Bible, j'ai tout de suite compris qu'il s'agissait de la vérité. Pourquoi ? Parce qu'elle abordait honnêtement le monde tel qu'il est, celui d'êtres humains faillibles. Pas de dissimulation ! À la lecture, je m'attendais à découvrir des gens parfaits, mais j'ai découvert qu'il s'agissait de gens comme moi. S'il traite du monde et des gens avec exactitude, il doit aussi traiter de D.ieu avec vérité. Par conséquent, le pardon des péchés et le don de la vie éternelle par *Yéchoua* étaient vrais, si je voulais les recevoir. J'ai reçu *Yéchoua* et la vérité de la Bible est devenue de plus en plus précieuse et évidente pour moi alors que mes 45 années de vie de croyant s'écoulaient. *Yéchoua* est le Chemin, la Vérité et la Vie.

Samuel N, Charlotte, NC

J'ai été élevé dans un foyer juif traditionnel dans le Queens, à New York, et j'ai donc fait ma bar mitzvah selon la tradition juive orthodoxe. Mais j'ai cessé d'être religieux pour devenir assez rebelle et je suis devenu athée, pensant que toutes les religions étaient fausses. Après mon retour du Viet Nam, j'ai travaillé dans un saloon à Eureka, en Californie. C'est là que quelqu'un m'a parlé du Messie pour la première fois. Bien que j'aie ri et me sois moqué de cette personne, à mon insu, une graine a été plantée dans mon cœur.

Quelques mois plus tard, à San Francisco, j'ai été invité à une étude biblique. J'y suis allé juste pour me moquer des gens qui s'y trouvaient. Ils m'ont montré Ésaïe 53. À l'époque, j'ai dit à ces croyants que cela n'avait aucun sens pour moi ; mais qu'en fait, Ésaïe 53 m'a profondément interpellé… et j'ai été troublé à la pensée que cela puisse être vrai. Plusieurs mois plus tard, après avoir tenté de la réfuter, j'ai cru en la Parole de D.ieu et j'ai accepté *Yéchoua* comme mon Seigneur et mon Sauveur.

David G, Indianapolis, IN

Mes deux parents sont nés dans un foyer juif, mais après s'être rencontrés et mariés, ils ont fini par s'installer au

Japon où ils ont été influencés par le bouddhisme zen. Par conséquent, même si je savais que j'étais juif en grandissant, la seule fois où j'ai pu réellement participer aux offices ou aux grandes fêtes, c'est lorsque nous étions invités dans la maison de notre famille. J'ai beaucoup apprécié ces moments. Alors que j'avais 14 ans, nous sommes retournés au Japon où ma mère est décédée. Après que mon père a terminé son contrat, nous sommes revenus aux États-Unis alors que j'avais 16 ans ; c'est alors que mon père a annoncé que nous allions retourner à la synagogue. La synagogue que nous fréquentions était une synagogue conservatrice de Lafayette, dans l'Indiana, et j'en appréciais les offices hebdomadaires et toutes les fêtes.

À l'université, j'ai cessé d'aller régulièrement à la synagogue, mais j'ai tout de même essayé de célébrer Pessah et les grandes fêtes. Puis, au cours de ma dernière année d'études, j'ai rencontré une jeune fille juive et, après être sortis ensemble tout au long de l'année et de mes deux années d'études supérieures, nous avons décidé de nous marier. Il semblait que ma vie en tant que juif était fixée.

Cependant, D.ieu avait d'autres projets. Ces plans comprenaient le renoncement à nos projets de mariage, ma rencontre avec une gentille fille non-juive trois semaines avant mon départ pour le Japon où j'avais signé un contrat d'enseignement de deux ans, ma rencontre avec les parents de la jeune fille le soir avant mon départ, notre correspondance presque quotidienne, sa visite pendant l'hiver et notre décision de nous marier tous les deux. Je sais que cela semble étrange, mais c'est ce qui s'est passé.

Après notre mariage en 1983, pendant les dix premières années de notre vie commune, j'allais parfois à la synagogue et elle à l'église. Parfois, j'assistais au service religieux, mais cela me rendait très nerveux, surtout s'il y avait la communion. Puis, après ces dix années, le Seigneur a dû décider qu'il était temps d'agir. Ma femme a reçu une carte postale d'une congrégation messianique qui déclarait que la chose la plus juive que l'on puisse faire en tant que juif était de croire en *Yéchoua*, le Messie juif. Eh bien, après m'être remis de ma colère, le rabbin et sa femme ont fini par venir, et suite à cette rencontre, j'ai commencé à fréquenter la congrégation messianique située dans la région de Détroit. Au bout de six mois, j'ai su que le Nouveau Testament était vrai, et après environ une année supplémentaire d'étude et de lutte avec différents aspects, je suis devenu croyant en *Yéchoua*, en mai 1994.

Aujourd'hui, D.ieu soit loué, je fréquente toujours cette congrégation avec ma femme et notre fille cadette. Notre fille aînée qui est diplômée de l'Institut biblique Moody, dans le programme d'études juives, a épousé un bon garçon juif et tous deux travaillent pour Ariel Ministries, tandis que le mari poursuit ses études au Séminaire théologique de Dallas. Je suis tellement reconnaissant au Seigneur de m'avoir aidé à briser le lien générationnel d'incrédulité qui existait dans ma famille en découvrant notre merveilleux Messie *Yéchoua*.

Annexe D : Contexte historique pour les lecteurs chrétiens non juifs

Inimitié historique

Contexte : Ce livre est écrit pour le peuple juif, et c'est le contexte dans lequel il s'inscrit. Je présente un message d'amour et d'inquiétude, traitant de questions difficiles qui nécessitent une recherche de la vérité. Que dit la Parole de D.ieu sur l'avenir du peuple juif ? Le message semble entouré de mystère et d'incompréhension, tant pour le peuple juif que pour les chrétiens.

Approche : Je n'ai pas l'intention d'offenser un chrétien ou un juif, mais la compréhension de la vérité doit toujours prévaloir. En tant que pasteur chrétien, j'ai le devoir d'énoncer correctement la Parole de vérité, même si cette vérité nous met mal à l'aise. Sans une compréhension de l'histoire entre l'Église et le peuple juif, la plupart des chrétiens seraient offensés par mes commentaires négatifs sur l'Église.

La vérité est que de nombreux chapitres de l'histoire de l'Église sont hostiles à l'égard du peuple juif. Ces chapitres funestes sont pour la plupart inconnus des chrétiens des nations (non juifs), et la plupart des livres d'histoire de l'Église sont muets sur le sujet ; mais les Juifs sont très conscients de l'histoire de la persécution qui a résulté d'enseignements et de philosophies non bibliques qui ont influencé l'Église.

Mise en garde : Ce que j'ai présenté dans cet ouvrage peut vous choquer et diminuer votre intérêt pour la lecture de ce livre. Cela vous semblera dur et injustifié, mais laissez-moi vous assurer que dans ses relations avec le peuple juif, l'église historique a sali honteusement le nom du Christ (Messie).

Préparation : Les lecteurs chrétiens sont donc invités, si nécessaire, à se documenter sur l'histoire de l'Église en relation avec le peuple juif. J'ai inclus une liste d'excellentes références sur ce sujet. En comprenant le point de vue juif, vous aurez plus de chances de trouver les pages de ce livre instructives et stimulantes, plutôt que déroutantes ou offensantes.

John B. Metzger

Lectures recommandées sur l'histoire de l'Église et le peuple juif

Baleston, Mottel. *The Holocaust: History and Theology* (San Antonio, TX : Ariel Ministries, 2007), DVD.

Brown, Michael. *Our Hands Are Stained with Blood* (Shippensburg, PA: Destiny Image Publications, 1992), ISBN : 1-56043-068-0.

Dimont, Max. *Jews, God and History* (New York: Mentor Book, 1994), ISBN : 0-451-62866-7.

Feinberg, Charles L. *Israel: At the Center of History & Revelation* (Portland, OR: Multnomah Press, 1980), 130-138. ISBN : 0-930014-38-3.

Heinrich, William H. *In the Shame of Jesus* (Keller, TX: Purple Raiment label of JHousePublishing, 2016), Special Edition, ISBN : 978-0-9912151-6-4.

Horner, Barry E. *Future Israel : Why Christian Anti-Judaism Must Be Challenged* (Nashville, TN : B&H Academic, 2007), ISBN : 978-0-8054-4627-2.

Melnick, Oliver. *They Have Conspired Against You, Responding to the New Anti-Semitism* (Huntington Beach, CA: Purple Raiment label of JHousePublishing, 2007), ISBN : 0-9765252-1-6.

Rydelnik, Michael. *They Called Me Christ Killer* (Grand Rapids, MI : Discovery Series, Radio Bible Class, 2005).

Scherman, Rabbi Nosson, *The Chumash: The Torah: Haftarot and Five Megillot* (Brooklyn, NY : Mesorah Publications, 1993), xix, xxiii-xxv.

Telchin, Stan, *Betrayed* (Grand Rapids, MI : Chosen Books, 2007), ISBN : 0-8007942-30.

Publiè en 2016

Édition spéciale de
In the Shame of Jesus
ISBN : 978-0-9912151-6-4

www.promisestoisrael.org

www.ingramcontent.com/pod-product-compliance
Lightning Source LLC
Chambersburg PA
CBHW071309110426
42743CB00042B/1236